STEM教育，可以从娃娃开始

蒲公英幼儿园从无到有的实践探索

沈冠华　著

上海教育出版社
SHANGHAI EDUCATIONAL
PUBLISHING HOUSE

图书在版编目（CIP）数据

STEM教育，可以从娃娃开始 / 沈冠华著. — 上海：上海教育出版社，2022.7 （2023.11重印）
ISBN 978-7-5720-1544-1

Ⅰ. ①S… Ⅱ. ①沈… Ⅲ. ①科学知识－教学研究－学前教育 Ⅳ. ①G613.3

中国版本图书馆CIP数据核字(2022)第113192号

责任编辑 蒋文妍 邹 楠
美术编辑 周 吉

STEM教育，可以从娃娃开始
沈冠华 著

出版发行 上海教育出版社有限公司
官 网 www.seph.com.cn
地 址 上海市闵行区号景路159弄C座
邮 编 201101
印 刷 上海龙腾印务有限公司
开 本 700 × 1000 1/16 印张 13.25
字 数 195 千字
版 次 2022年7月第1版
印 次 2023年11月第2次印刷
书 号 ISBN 978-7-5720-1544-1/G·1234
定 价 59.80 元

I stand outside the classroom, teacher,

老师，我站在教室门外

At the doorstep to the world.

这里也是通往世界的入口

I want to see it all,

我想看到全部的世界

I stand here, teacher,

老师，我站在这里

With eager eyes and heart and mind.

用我充满渴望的眼睛与心灵

Will you open the door?

你会为我打开这扇门吗？

——珍尼特·格兰特

选自《早期教育课程》

序

自 2018 年暑期与蒲公英幼儿园两位老师一起赴美参加美国科学教师协会年会及第三届 STEM+峰会之后，我多次受邀前往蒲公英幼儿园观摩和学习幼儿园开展的各种 STEM 教育或 STEM 项目活动的展示，并与沈冠华园长及其他幼儿园领导多次探讨幼儿园如何更为有效地实施幼儿 STEM 教育及开展各种 STEM 项目活动。这是我作为 STEM 教育研究者在幼儿教育阶段与一线实践者的直接联系与合作。

STEM 教育的提法源自美国，源于对高等教育 STEM 人才培养的关注，尔后得以扩展（如扩展至 STEAM 教育）和延伸（如延伸至中小学教育乃至幼儿教育阶段），并从美国扩展至世界其他国家，成为迈入新世纪以来国际教育发展的一种新态势。我特别赞同美国“项目引路”（Project Lead the Way，PLTW）机构对 STEM 教育的定义：STEM 教育课程计划旨在使学生参与以活动为基础、以项目为基础和以问题解决为基础的学习，它提供了一种动手做的课堂体验，学生在运用他们所学到的数学和科学知识来应对世界重大挑战时，他们创造、设计、建构、发现、合作并解决问题。STEM 教育的这一界说在很大程度上反映了新近出现的，如“真实性学习”“项目化学习”“大概念教学”“跨学科统整”“单元整体教学”等一大波新概念的基本特征。作为致力于在美国中小学开展 STEM 教育的非营利性机构，“项目引路”最初于 1997 年在高中阶段实施 STEM 课程计划，尔后逐步在初中、小学乃至幼儿园开发 STEM 课程体系（模块、单元、课程）。

“在 21 世纪的前 10 年，在 P－12 教育领域中或许没有任何两个主题像早期儿童教育和 STEM 教育那样受到如此多的关注。”2010 年 5 月，一场名为 STEM in Early Education and Development 的会议将幼儿教育和 STEM 教育结合在一起。将 STEM 教育下移到幼儿教育阶段已经成为当前 STEM 教育发展的重要动向之一。整合作为幼儿 STEM 教育的核心精髓，将 STEM 领域的各种素养有效融合，并以真实的生活问题解决为任务驱动，在动手实践中获得并应用知识，培养幼儿的问题解决能力。这与我国《3—6 岁儿童学习与发展指南》所强调的“注重学习与发展各领域之间的相互渗透和整合”高度一致和吻合。

从促进幼儿发展的视角看，STEM 教育具有独特而又重要的功能和价值。幼儿天生具有好奇心，他们是天生的“科学家”和“工程师”，已经具备了进行 STEM 学习的认知基础和脑发育的根基，而早期 STEM 教育会激发幼儿对学习科学、技术和数学的兴趣，对于幼儿将来更为深入的学习和能力的培养，强化 STEM 学习倾向具有积极的作用。STEM 教育还能通过活动为幼儿提供发展和练习许多不同技能的机会，包括沟通技能、协作技能、分析和解决问题的技能以及团队合作的技能等。

当前，国内幼教界越来越重视 STEM 教育，积极探索和实践幼儿 STEM 教育，从而丰富和推动了幼儿 STEM 教育的实践和经验总结。沈冠华园长的《STEM 教育，可以从娃娃开始》一书，正是蒲公英幼儿园实践幼儿 STEM 教育的生动写照和理性提炼，具有如下一些基本特性。

一是实践性。蒲公英幼儿园是以科学教育为特色的上海市级示范园，从 1999 年起开始了幼儿科学教育的研究和实践，2003 年参加了教育部的“做中学”科学教育项目，2006 年开始了幼儿科学教育特色课程的建设。幼儿园近年来在以往科学教育的基础上积极推进幼儿 STEM 教育的实践，形成了具有本土化、系统化和园本化的幼儿 STEM 课程体系和实践经验。作为蒲公英幼儿园的创园园长和上海市特级园长，作者长期致力于幼儿科学教育和 STEM 教育的研究，深耕幼儿科学教育和 STEM 教育实践，在幼儿科学教育和 STEM 教育领域颇有建树。在作者长期办园经验和实践科学教育以及 STEM 教育基础上形成的此书，实践性自然成为其基本特性。

二是前瞻性。幼儿 STEM 教育在国外起步较早，方兴未艾，但在国内相对而言尚处于起步阶段。我们从本书名《STEM 教育，可以从娃娃开始》可以知道，STEM 教育在幼儿阶段的必要性。此书兼容性地吸收了国内外幼儿 STEM 教育的最新理论和实践，借鉴了当前世界上幼儿 STEM 教育的先进经验和做法，前瞻性地展示了当前国际幼儿 STEM 教育研究和实践的成果。此书还紧紧围绕 STEM 教育跨学科的特点，突出了 STEM 教育的本质特点，体现了《3—6 岁儿童学习与发展指南》的精神和指导思想，与当前幼儿教育的理念和方向高度一致。

三是系统性。此书共 8 章，第 1 章为“从理解到建构，走进幼儿 STEM 教育”，从理论引领、国际视野、本土探索到园本架构进行论述，最终简要阐述了蒲公英幼儿园 STEM 教育的“七引擎模式”，并以七个引擎为题，引出全书尔后的 7 章：面向真实的问题、基于项目驱动、注重目标导引、在理解中学习、记录是为了发现、建立学习共同体、评价促进发展。全书有浑然一体、一气呵成之感觉，当然其实践的岁月则是漫长的。蒲公英幼儿园创造性地提出了幼儿 STEM 教育的“七引擎模式”，紧紧围绕幼儿学习的特点和 STEM 教育的本质开展实践，系统地促进了幼儿 STEM 素养的发展。

四是针对性。目前不少幼儿园对于学前阶段开展 STEM 教育还存在不少困惑，如幼儿有必要和有能力进行 STEM 学习吗？STEM 的不同领域如何整合，整合的方式和途径是什么？设计在 STEM 中处于何种地位，如何设计驱动任务、解决问题？等等。此书对这些问题逐一进行了回应。作者把幼儿 STEM 教育理解为一种“学习方式”来开展实践活动，并主张应用数学、科学和技术领域的知识和概念，系统地解决“复杂”问题，以工程（设计和制作）活动为主线，整合或蕴含科学的学习经验，运用技术工具或积累的技术经验以及数学工具，解决生活或学习中的问题，清晰地回答了人们对于幼儿 STEM 教育的疑问和困惑。与此同时，此书还从不同的“引擎”出发，解析了

“引擎”的必要性，提供了丰富的案例、支架和方法，为幼儿STEM教育提供了具有操作性的工具和方法，以期帮助一线教师解决在设计和教学STEM时所面临的实际问题。

我相信此书能够为一线教师提供幼儿STEM教育的独特视角和可资借鉴的经验。

赵中建
华东师范大学教授
《中小学STEM教育》丛书主编

目录

第1章

从理解到建构，走进幼儿 STEM 教育

儿童就其天性来讲，是富有探索精神的探索者，是世界的发现者。

——苏霍姆林斯基

第一节　理论引领：幼儿 STEM 教育的跨学科本真

一、幼儿 STEM 教育的应然之义

现在我们生活在转折的时代，每个人都可以深刻地感受到生活中无处不在的变化和迭代，人们常用“指数变化”“混合思维”“奇点来临”来概括人类历史从未有过的变革。如果我们把过去的 50 年放在人类历史的坐标轴中，我们可以发现，这 50 年世界的发展速度是史无前例的。也许，在某个领域里，一年的变化超过历史上数十年甚至数百年的变迁。变化是如此之快，以至于我们所知道的或我们已经知道的东西，在短短几个月内就过时了。

1. 为幼儿准备一个尚不存在的世界

在汹涌而至的变化浪潮中，我们所有人都在深刻地感受变化，激动地感叹变化，但是世界发展的趋势依然是那么清晰可见、真实可述。

这是一个知识化的时代。知识的增长速度已经远远超越每个人的学习速度。据研究，仅仅在 19 世纪初，人类的知识还以每 50 年翻一番的速度增长；到了 20 世纪初，这一速度变成每 10 年翻一番；20 世纪 80 年代，人类的知识每 3 年翻一番；20 世纪末，人类文明发展的前 4 900 年所积累的文献资料，还没有当时 1 年的文献资料多！进入 21 世纪，学科与学科之间的界限不断被突破，渗透和融合不断进行，边缘学科和交叉学科不断产生，从而使得知识更新速度不断加快，新知识不断涌现。

这是一个全球化的时代。《全球胜任力》一书里描述了这样的场景：一个国家的公司在另一个国家雇佣工人，生产出来的商品被第三国的消费者购买，高速的互联网通信、进口关税的降低以及政府对国外投资的鼓励大大促进了交易。这些关联表示世界正处于全球化进程中，全球化以前所未有的广度产生着令人

惊叹的影响，国与国之间在政治、经济等方面依存度不断增强，人员流动和交流日益频繁。截至2020年11月，全球人口总数为75亿多，而全球移民已有2.7亿，如果把所有移民看作一个国家，那它将是世界第四人口大国，仅次于中国、印度和美国。

这是一个智能化的时代。技术和创新正在彻底地改变着社会和经济，我们正处于第四次工业革命的“技术革命”之中，人工智能在人们的生活中扮演着重要的角色。无论是百度、阿里巴巴、腾讯，还是亚马逊、谷歌和脸书，这些公司成立的时间并不长，但是它们的成长速度是惊人的。在不长的时间里，它们已成为家喻户晓的名字。更重要的是，它们每天都在发展新的功能，以智能的方式更有效地服务于世界。展望未来，我们将看到人工智能和机器人技术的应用日益增多，这将重塑跨部门和跨地域的商业和工作模式。

随着技术发展迅猛带来前所未有的变化，我们进入了一个新的范式，我们必须为幼儿准备一个尚不存在的世界。幼儿再也不能简单地通过背诵记忆就能完成学业，他们需要拥有解决复杂问题的能力，成为管理和理解大量数据的终身学习者；他们需要能够区分海量且复杂的信息，成为有创造力的思想家，能够在一个开放的世界里获取知识和信息，进行改变和创新；他们需要具有在未来日益复杂、不断变化的环境中驾驭生活的技能，这些技能包括创造性地、系统性地解决不确定性问题，能在团队中协同工作，能有效沟通，有执行规则和解决道德问题的能力。

STEM教育在短短的几十年间，因其跨学科式培养创新人才的特征，成为世界各国教育改革的战略选择，以期培养人才的创新思维和能力，带动经济的发展和可持续增长。STEM教育的这四个字母分别代表着四门学科：Science(科学)，Technology(技术)，Engineering(工程)，Mathematics(数学)。作为一种集多学科融合的综合教育，它跟传统的教育方式一定是有区别的。STEM教育从鼓励幼儿学习这几类知识入手，强调让幼儿自己动手完成与生活较为贴切的实际项目，在项目实践的过程中理解和运用知识与经验，从而展开进一步的学习和认知。STEM教育能够培养幼儿适应未来的关键能力，如创新能力、思辨能力、沟通能力、团队合作能力等，这些关键能力具有可迁移性和普适性，在人们的生活和工作中持续发挥作用，掌握这些关键能力可以使幼儿更好地面对充满活力的未来世界。

STEM 教育的兴起还与产业变革有着密切关系，科学技术创新对社会和产业引领作用愈加凸显，与科技有关的职业将越来越多。美国国家统计局的一组数据显示，65%正在读小学的儿童，他们长大以后从事的会是一份全新的、现在并不存在的工作。十年之后大约有 80%的工作会跟技术与科技相关。他们预测在未来五年的时间里，对于普通工作的整体需求大概会上涨 10.4%，而 STEM 相关的需求则会达到 21.4%。

2. 幼儿与 STEM 教育是天作之合

一群幼儿在幼儿园的花园里种植花啊、小树啊……他们正在干什么？他们正在掌握科学与自然世界的基本概念——需要多少水，植物生长的养料是什么，根是什么，植物为何需要关照，植物的生长如何随着季节变化而变化……这些概念为深入了解环境科学、植物学、生物学等奠定了基础，也为幼儿进行批判性思维、解决问题和试错等提供了机会。在幼儿生活和学习中，无论是种植花木、搭建帐篷、堆叠积木，抑或是在教室里按身高排队，他们时时刻刻都表现出了探索自然世界和生活世界、参与 STEM 学习的明确倾向和意愿。

认知科学的研究表明，婴儿早在三四个月的时候就开始拥有许多有用的知识了。《人是如何学习的》一书中列举了科学领域的 3 个典型研究案例：婴儿明白物体需要支撑才不至于倒塌；静止物体与运动物体接触可产生移位；无生命物体需要外力作用才能运动。近期的一项研究发现，11 个月大的婴儿在看到出乎意料或者奇怪的事件时，会投入更多的注意以确定这个活动涉及的物体是否值得进一步探索，这表明 11 个月大的婴儿已经具备了一定的“先天”物理知识。

美国《K－12 科学教育实践框架》指出，在幼儿入学之前，他们对物理、生物和社会世界以及他们的工作方式就已经形成了自己的想法，通过认真听取并对待这些想法，教育工作者可以在幼儿已经知道并且可以做的事情的基础上继续前进。美国国家科学基金会报告，年幼的孩子可以进行数学推理，甚至可以理解长度、面积和体积等概念，初步具备了探索科学的思想，并开始学习和交流有关工程的概念和信息。

幼儿园教育和STEM教育之间存在很多契合点和共通性。《3—6岁儿童学习与发展指南》指出，要关注幼儿学习与发展的整体性。幼儿的发展是一个整体，要注重领域之间、目标之间的相互渗透和整合，促进幼儿身心全面协调发展，而不是片面追求某一方面或某几方面的发展。整合是幼儿学习的主要方式之一，幼儿通过动觉、触觉、视觉、听觉等各种感知，在有意义的情境中，学习和理解涉及多个领域的知识，从而建构自己的经验，体现了幼儿学习的综合性和整合性。整合性是幼儿STEM教育的特点之一，STEM教育整合科学、技术、工程和数学的内容与技能，重视跨学科学习的价值，强调科学、技术、工程、数学这四门学科的内在联系，以及运用这种内在联系去解决现实的问题，以融合的形式发展幼儿探索真实世界的综合能力。

《3—6岁儿童学习与发展指南》还指出，幼儿科学学习的核心是激发探究兴趣、体验探究过程、发展初步探究能力。STEM教育是通过真实的问题情境激发幼儿主动探究，鼓励幼儿综合利用自己的已有经验，不断地发现问题、解决问题、动手实践，发展创造性解决问题和高阶思维的能力。从这一角度看，STEM教育与幼儿园的科学教育有着共同的价值追求。

教育的重要任务之一是建构和发展支持学习者终身学习的支持性环境，教育的重要目标之一是在每一个层次上支持和加强学习者终身学习的倾向。如同工业革命使得所有幼儿都必须学习语言、阅读和识字一样，技术革命使得所有幼儿理解和学习STEM变得至关重要。为了培养适应社会和科技发展的未来公民，我们必须尽早播种STEM的种子，同时培养读写能力。这些相互促进、彼此交织的学习链将培养出见多识广、有批判性思维，并为数字化的未来做好准备的公民。

神经科学和其他儿童发展科学的研究表明，幼儿成长和发育的本质是神经连接。从出生开始，幼儿就可以通过日常经历发展大脑细胞间的连接，可以通过与父母和身边人的积极互动以及利用自己的感官与世界互动而建立联系。幼儿的日常生活和学习经验决定了哪些大脑细胞连接会发展，哪些会持续一生。他们在幼年时期所获得的大脑刺激和互动的数量、质量决定着他们是否与众不同。也就是说，人类早期的经验对大脑的发育有重要影响。如果幼儿在学前阶段能够打下 STEM 的坚实基础，那么将有助于其获得更好的发展，反之则有可能需要在将来进行相应的干预教育，但干预的效果不好，且花费的成本较高。

脑科学的研究表明，在 3—6 岁期间，人的大脑发育处于相对较快的阶段，幼儿的执行功能、记忆功能、认知灵活性都能够获得迅速的发展。专家认为，在这一阶段，人脑中一旦形成成型的数学和科学理念，就会对其未来的学习产生重要影响。所以教师可以利用这一特性，推动幼儿大脑的科学发展，并通过科学的研讨和学习模式，增强 STEM 教育的成效。

人类大脑的基本结构是通过持续的过程构建的，此过程从出生前开始，一直持续到成年，就像建造一个家一样，建筑过程从铺设地基、搭建屋梁，到垒砖砌墙、铺瓦盖顶，以可预见的顺序开始。丹佛大学教育学院早期学习和识字研究所执行主任克莱门茨提出幼儿 STEM 教育的学习轨迹理论。学习轨迹理论认为，幼儿学习、理解和掌握 STEM 的轨迹具有进阶性和规律性，他们需要从较低的思维水平开始学习，并在长时间的浸润过程中获得思维的持续发展，最终达到 STEM 教育所需的高阶目标。因此，需要充分认识到幼儿 STEM 思维水平发展的规律、目标，在教学过程中根据幼儿的实际情况不断调整，帮助幼儿沿着发展的进程前进。在 STEM 教育中，STEM 教育的途径通常被认为是线性的，如果前期没有相关基础，那么后期则很难进入 STEM 领域。如果学校从幼儿阶段开始提供连贯、一致、系统的高质量 STEM 教育，帮助幼儿在学前教育阶段建构起正确的概念和模式，发展和培养 STEM 素养，就能为幼儿将来应对更为复杂的 STEM 学习打下基础，从而能够在 STEM 领域中进行广泛而深入的学习。

从 STEM 教育的必要性、重要性和可行性等角度看，幼儿已经具备了进行 STEM 学习的认知基础和脑发育基础。而且，开展早期 STEM 教育对于幼儿将来更为深入的学习和基本能力的培养具有重要价值和意义。正是基于这样的认识，在幼儿 STEM 教育中，教师应该坚持以下的信念和策略。

- 将所有幼儿视为 STEM 学习者，为他们提供平等的机会体验丰富的 STEM 学习。
- 在探索、玩耍、交谈以及参与课堂 STEM 活动时，倾听和观察幼儿所做的事情，了解他们对 STEM 概念的理解。
- 引出幼儿以前 STEM 主题的经验和想法。
- 与幼儿的家庭和社区建立联系。
- 鼓励幼儿分享和阐述他们的观察和想法，即使是“不正确的”。

二、幼儿 STEM 教育的跨学科本质

跨领域和跨学科是 STEM 教育的本质特点，体现在着重强调四个领域之间的联结和融合。在 K－12 年级阶段，强调在科学教育的图景中创造出一个多维的空间，从而为儿童提供一系列具有关联性的学习经历。幼儿学习以经验为主，而非以知识或者学科学习为主，这一点在幼儿园尤为明显和突出。

STEM 是 Science（科学）、Technology（技术）、Engineering（工程）、Mathematics（数学）四个词的缩写，是四门学科的整合。各学科的知识和思维是 STEM 学习的基石，都有不同的侧重点。科学是研究和解释自然、物理世界以及更广阔宇宙的一种方式，它涉及产生和检验思想、收集证据（包括观察、调查、建模以及与他人进行交流和辩论）、发展科学知识、理解和解释。技术的核心是适应和创新，技术是指通过设计和工具进行干预，利用实践和知识资源开发产品和系统（技术成果），满足学习的需求，实现创新。工程是结合科学和数学的设计和应用，通过使用各种材料来解决问题，设计、创造并建造能够发挥作用的东西。数学是在数量、空间和时间上对模式、关系的探索和使用，通过探索、收集数据、寻找关系和模式以及使用证据生成解释和想法，来发现世界及其运作方式。每门学科的不同特点对幼儿的科学、技术、工程和数学学习都有影响，每门学科的特性都应得到特定的关注，以确保幼儿获得科学、技术、工程、数学的学习和发展。

STEM 素养包含科学、技术、工程和数学四个方面的素养，四门学科本身是

相互联系、相互推动的，是综合运用科学、技术、工程和数学领域的知识解决实际问题的能力，正如齿轮系统中的轮齿啮合一样，存在着复杂的联系。科学是技术的基础，为技术的发明和运用提供依据，因此，科学素养旨在使幼儿掌握科学知识、科学规律，形成科学精神。技术是科学的运用，是科学的具体化，技术素养指向幼儿掌握、运用、评价和发明技术的能力。工程是技术的实际运用，指利用方法或工具在工程设计与开发过程中的理解、改进、评价与反思的实践。无论是科学、技术还是工程都离不开数学，数学是掌握科学、技术和工程设计的工具。在这个意义上，数学素养是基础，它要求幼儿掌握数学知识、数学定理，能够进行数学运算，具有数学推算的能力。总而言之，科学是根基，技术和工程分别是科学和技术的应用，数学作为工具运用在科学、技术和工程之中。

STEM 整合相互分离、割裂的学科知识，使幼儿按照关联、动态、系统的方式理解世界。在真实的问题情境中，当单一学科无法解决此问题时，需要运用两种或两种以上学科的观念与方法解决，并由此产生新的理解。幼儿 STEM 教育具有目的、内容和手段的三重意义。从目的意义看，它旨在培养幼儿的自由人格、跨学科意识和创造性解决问题的能力；从内容意义看，STEM 是科学、技术、工程和数学四个领域的综合，这种综合不是简单的集合，而是围绕一个问题或多个问题，运用多学科知识解决问题；从手段意义看，它是选择并综合各种信息、知识、手段、方法以解决复杂问题的策略，以及将学科知识情境化的策略。

美国学者艾布特斯（Abts）使用“元学科”（meta-discipline）描述 STEM，即 STEM 是科学、技术、工程和数学等学科统整的知识领域，科学、技术、工程和数学等学科存在于真实世界中，彼此不可或缺、互相联系。跨学科意味着教育工作者在 STEM 教育中，不再将重点放在某个特定学科或者过于关注学科界限，而是将重心放在特定问题上，强调利用科学、技术、工程或数学等学科相互关联的知识解决问题，实现跨越学科界限，从多学科知识综合应用的角度提高幼儿解决实际问题能力的教育目标。

学前 STEM 教育有启蒙性、基础性和浅显性的特点，这反映了学前教育本身的特质，它是以培养幼儿初步的 STEM 素养为价值追求。比如幼儿获得科学概念是以具体的事实性知识为基础的，这是一种简单层次的概括，而不是对科学概念本质的抽象概括。

我们还注意到，各学科之间的许多共同点都与早期教育的发展方法相一致。幼儿教育的特点强调幼儿与自然、物理和社会世界的积极接触。科学、技术、工程和数学学科与幼儿教育之间的协同作用可以为幼儿提供丰富且真实的科学、技术、工程和数学的学习探索经验，可以作用于幼儿的学习和游戏之中。

三、超越 STEM 素养的素养延伸

STEM 教育能够帮助幼儿建立关于 STEM 学科的知识，并通过对这些学科的体验，理解人们如何塑造世界，培养幼儿科学、技术、工程和数学四个方面的素养，以及综合运用科学、技术、工程和数学领域的知识解决实际问题的能力。学习不是孤立进行的，而是通过一种集成和协作的学习方式，支持与 STEM 相关的思维习惯的发展。这些思维习惯包括好奇心、沟通、协作、毅力、批判性思维、解决问题的能力以及对科学和数学的积极态度，所以 STEM 与许多学科领域的整合有关，在这些领域的探索又促进了一系列的学习倾向。

2018 年，美国联邦政府出台《为成功规划路线：美国 STEM 教育行动方略》，又名“北极星计划”，这是美国关于 STEM 教育的第二个五年规划。报告指出，最具变革性的发现和创新往往就发生在学科融合之际——“STEM 教育能够实现不同学科知识的整合并提出创造性的解决方案，以应对复杂的问题和挑战”，并强调 STEM 教育并不仅仅停留在培养批判性思维、问题解决能力，以及高阶思维、研发设计与推理等现代技能上，还应关注一些行为素养的培养，诸如坚忍品格、适应能力、合作能力、组织能力以及责任感等。此外，该报告还突出强调数字素养及计算思维的培养。

对于幼儿而言，STEM 的探索是认知发展和学习方法中终身学习技能发展的一部分。STEM 的早期经验有助于沟通、解决问题和提高头脑的灵活性。这些技能可以运用到幼儿以后可能会遇到的各种情况中，在幼儿的未来生活和工作中持续发挥作用。

STEM教育还会有助于幼儿以后的学科学习。早年的STEM教育可以为数学和科学学习提供坚实的基础，学习数学与科学以及动手实践探索等相关活动，可以鼓励和引导幼儿的兴趣和好奇心，为幼儿提供自主学习与探究的机会，并使他们熟悉基本的科学词汇，有助于培养幼儿数学和科学认知思维，可以帮助他们理解周围的世界，并加深对事物运作方式的了解，这将赋予他们今后发展的优势。

STEM教育还支持幼儿语言的发展，能够促进幼儿信息获取能力、信息鉴别能力、阅读理解能力和写作能力的发展。幼儿是以真实的方式获取信息并进行互动交流的，STEM教育需要幼儿解决问题时进行表达和沟通，这些为他们语言能力的发展提供了机会。例如，当幼儿阅读有关科学的书籍时，这些书籍可能引发他们围绕STEM的探索展开新的讨论，也有可能所读到的内容会促使幼儿计划并进行一项调查来验证他们的假设，这是科学调查的一个关键方法。教师要鼓励幼儿互相讨论他们的假设和结果，从而发展他们的记录能力、解读能力和理解能力。

当幼儿沉浸在STEM体验中时，他们会通过调查、讨论、阅读和记录与STEM相关的想法和现象，开始发展概念理解的过程。他们会听到并学习使用相关术语，不断增长的词汇量使幼儿能够理解越来越复杂的现象和想法，而早期接触概念所用的词汇表可以帮助幼儿以后掌握更高层次的思维。引导幼儿解决问题的策略特别重要，要让幼儿学会反思和调整。如果教师能坚持以问题为主导，引领幼儿展开实践和探索，他们就能够持续深入地在STEM的学习方式下自主学习。

高质量的幼儿STEM可以促进幼儿社交能力和情感的发展，专注于探索研究可以减少幼儿的攻击性行为和挑战性行为。所谓的“成长心态”认为，学习和改善将遵循艰苦的工作和有意识的努力。研究文献强调了情感在STEM教育中的作用，提倡从幼儿早期开始培养良好的性格，尤其在学前教育阶段，幼儿需要成人的支持、鼓励和帮助，这样的支持有助于发展STEM学科的“成长心态”。

许多幼儿园开展了“做中学”科学教育的研究和实践。《“做中学”内容标准》

中较早提出，在探究式科学教育过程中，培养儿童的社会情绪能力，并将儿童的社会情绪能力分为五个方面：(1) 正确评价自己：能觉察和正确认识自己的感受；(2) 调节自己的情绪：能适当地分析事件的起因，找到办法来处理自己的恐惧、焦虑、愤怒、悲伤等情绪；(3) 激励自己：能克服自己的自满和迟疑，调动自己的情绪去达到某一个目的，能较持久地保持这种动力；(4) 了解别人的情感：对别人的情感和利益具有敏感性，能理解别人的观点，能欣赏不同人对事物不同的认识和感情；(5) 善于处理人际关系：能通过调节情绪，提高社会能力和社会技巧。

第二节　国际理解：幼儿 STEM 教育的国际化视角

STEM 教育诞生于 20 世纪 80 年代末的美国，现已经成为世界各国教育领域回应新时代社会挑战需要以及培养未来人才的重要内容，成为国际公认的教育改革的重要内容。学前 STEM 教育也越来越成为国际学前教育改革的重要趋势，在学前教育阶段开展 STEM 教育越来越为国际所认可和推崇，许多国家从战略的高度关注学前 STEM 教育。

一、政策视角下的幼儿 STEM 教育

早期阶段的 STEM 教育和研究在美国起步。1986 年，美国深刻认识到信息时代科技进步与创新是经济发展的动力，同时也是提升国家竞争力的需要，因此，美国将 STEM 教育作为提升国家竞争力的重要战略。同年，美国国家科学基金会(National Science Foundation, NSF)发布了《科学、数学和工程本科生教育》(Undergraduate Science, Mathematics and Engineering Education)报告，强调加强高等教育并追求卓越的重要性，以使美国下一代成为世界科学和技术的领导者。这被视为美国 STEM 教育发端的第一份重要文件和政策。

随着美国 STEM 教育的推进和发展，幼儿 STEM 教育越来越受到关注和

重视。在美国的诸多STEM文件和政策中,幼儿STEM教育成为重要的关注领域,这些文件和政策有力地推动了幼儿STEM教育的发展。

2007年10月,美国国家科学基金会发布《国家行动计划:应对美国STEM教育体系的重大需求》(National Action Plan for Addressing the Critical Needs of the U. S. Science, Technology, Engineering, and Mathematics Education System),提出应加强幼儿园到大学后的STEM教育,建立国家STEM教育内容指南,确保各年级STEM学习的连续性、相关性和严谨性。这是第一份涉及幼儿园STEM教育的文件。

2015年,在美国科学教师协会(National Science Teachers Association, NSTA)的STEM教育大会和美国幼儿教育协会(National Association for the Education of Young Children, NAEYC)年会上,幼儿阶段的STEM教育成为会议的热点话题,与会者递交和交流了大量讨论STEM教育研究和实践的报告、论文。

2016年9月,正值美国STEM教育实施30周年之际,美国教育部(United States Department of Education)发布了《STEM 2026: STEM教育中的创新愿景》(STEM 2026: A Vision for Innovation in STEM Education),把开展早期STEM教育作为实现未来十年愿景的八大挑战之一,要求各州政府、教育部门、社会机构等加大早期STEM教育的财政拨款和研究资助,倡导社会各相关方提供更多STEM的资源,促进早期STEM教育的发展。

2017年1月,美国早期儿童STEM工作组(The Early Childhood STEM Working Group)发布《早期STEM教育不容小觑:为所有幼儿提供高质量STEM学习经验》(Early STEM Matters: Providing High-Quality Experiences for All Young Learners)的研究报告,阐述了开展早期STEM教育的四个指导原则,厘清了早期STEM教育应规避的认识误区,指明了早期STEM教育开展的方向。

2018年12月,美国白宫发布了STEM教育下一个五年战略计划——《制定成功之路:美国STEM教育战略》(Charting a Course for Success: America's

Strategy for STEM Education)，提到在 STEM 教育学段上，从高等教育下移至 K－12，直至早期教育，试图构建 P－12 的 STEM 教育系统，强调 STEM 教育的可持续性和连续性。

2019 年 9 月，美国国家教育委员会(Education Commission of the States, ECS)召集了一群幼儿和 STEM 教育专家，讨论了可能实施的政策和行动，以支持从学前到三年级的 STEM 课程。这次会议的后续报告《在 P－3 教育中增强 STEM》虽主要集中了州和地区的政策，但对 STEM 领导的影响更为广泛，尤其是在学区一级。此报告强调了早期接触 STEM 学科对幼儿后期学业成绩的重大积极影响。幼儿学习者接触高质量的早期学习环境与其关键技能的增长，与后来的学业成功之间存在紧密联系，这使他们能够成功地满足未来劳动力不断变化的需求。真实和适合发展的 STEM 经验有助于幼儿获得解决问题、灵活思维和批判性思维等关键技能，这些通常统称为 21 世纪技能、软技能或就业能力技能，这些技能对成功至关重要。

澳大利亚也是重视和推崇幼儿 STEM 教育的国家。澳大利亚的《国家 STEM 学校教育战略 2016—2026》(National STEM School Education Strategy 2016－2026)中明确提出，学前教育阶段要重视学生 STEM 学习领域的基础技能、数学和科学技术素养的提升。2015 年 12 月，澳大利亚颁布了《国家创新与科学议程》(National Innovation and Science Agenda)，这是澳大利亚面向未来，为促进经济增长、支持创新的重要战略文件。文件中最为显著的是将幼儿 STEM 纳入国家 STEM 教育发展和支持体系，体系包括了若干行动计划："澳大利亚早期学习 STEM"项目、"让我们一起计算"项目和"小小科学家"项目。这些行动计划与澳大利亚 2009 年发布的《早期学习框架》(The Early Years Learning Framework)保持一致。

2016 年，澳大利亚教育与培训部委托维多利亚大学对早期(4—5 岁)学习 STEM 教育应用程序的质量与范围进行调查，收集了 5 种类型的 45 个应用程序进行分析，最后提出多个关于早期学习 STEM 教育的建议，包括明确概念、建立应用程序清单、建设非数字化平台等。

2018 年 3 月，澳大利亚政府正式启动了“澳大利亚早期学习 STEM”(Early Learning STEM Australia, ELSA)项目试点工作，有 100 个学前教育服务机构入选该试点项目，分布于澳大利亚全境。另外还有 20 个学前教育机构入选用户体验评价中心，这些中心帮助堪培拉大学的 ELSA 团队开发该项目，并拿出一定时间来试用 ELSA 的应用程序并提供反馈。

二、标准视角下的幼儿 STEM 指向

标准和准则是影响教育发展的重要因素。课程标准是所有课程教材编写、教学、评估的依据，是课程管理和评价的基础，STEM 教育也不例外。如果 STEM 教育在早期学习标准中得到认可、体现和强调，它将增加这些学习的时间，增加学龄前儿童 STEM 经验。更为关键的是，高质量、协调一致的标准可以帮助教师在教室中优先考虑 STEM，并专注于对学龄前学习者最合适和最重要的 STEM 内容。教师、学校领导和决策者将更有可能确定优先级，这有助于 STEM 教育高质量地开展，有助于幼儿对 STEM 的深刻理解和 STEM 素养的培养。

在幼儿 STEM 政策的推动下，美国各州幼儿专家、研究人员、政策制定者和社会团体共同努力，为 STEM 学科制定了一套严格且适合发展的标准：纽约对学前教育采用了明确的技术标准；缅因州将共同核心标准中的数学实践与学前数学实践相结合；亚利桑那州为每一个标准提供了“日常例行流程、活动和游戏方面的指标和例子”；犹他州将幼儿园共同核心国家标准和犹他州的国家科学标准保持一致。这些标准的共同特点是强调学前教育中 STEM 的重要性，是指导教师和其他成人为幼儿规划有意义体验的一种标准。这些标准中的 STEM 经验与美国下一代科学标准中阐述的目标相联系，并支持这些目标，为学生提供机会掌握和体验他们所学内容。标准侧重学习结果的呈现——幼儿需要知道和能够做的事情。

美国马萨诸塞州和宾夕法尼亚州一直位于制定 STEM 教育儿童早期标准的前沿。这两个州已经制定了符合美国《新一代 K－12 科学教育标准》(Next Generation Science Standards, NGSS)的学前科学、工程和技术标准以及学前数

学标准，是世界范围内较有影响的幼儿 STEM 教育标准。

马萨诸塞州颁布的《学前儿童学习经验指南》(Guideline for Preschool Learning Experiences)将学前儿童的 STEM 素养划分成六个领域，分别是探究素养、地球与空间科学素养、生命科学素养、自然科学素养、技术与工程素养、数学素养，每个领域都提供了内涵以及所应达成的发展指标。他们认为，STEM 学习的关键在于激发幼儿对自然的好奇心和主动探索欲。探究素养是幼儿 STEM 教育的核心，引领着其他五大素养的发展。技术与工程素养是支持幼儿 STEM 学习的工具和途径，用于发展幼儿各种技能。三种科学素养与数学素养是幼儿 STEM 学习的思维方式，具体体现和落实在探究素养和技术与工程素养。

《学前儿童学习经验指南》的内容以主题引领的方式呈现，课程内容是以大主题引领小主题的形式进行组织的。每个大主题都有与之对应的学科核心思想，跨学科概念、幼儿所应达成的主题活动目标，这些与美国《新一代 K－12 科学教育标准》高度一致；每个小主题都是围绕大主题细化和划分而开展的探究活动。《学前儿童学习经验指南》倡导幼儿和教师一起提出问题和解决问题，并提出围绕观察性问题、测量和计算性问题、比较性问题、行动性问题、解决性问题来创设真实、不断深入的情境，激发幼儿的好奇与疑问，从而在 STEM 活动中发展探究意识和能力、创新能力以及问题解决能力。

三、项目视角下的幼儿 STEM 案例

在推进幼儿 STEM 教育的过程中，世界各国涌现出了许多紧密围绕 STEM 素养培养、促进幼儿 STEM 探究和实践能力发展的富有借鉴意义和价值的项目案例。

1. 美国：波士顿儿童博物馆“STEM 萌芽”项目

波士顿儿童博物馆与合作伙伴一起开发出了《STEM 萌芽教学指南》(STEM Sprouts Teaching Guide)，以帮助教育工作者关注 3—5 岁幼儿在 STEM 方面的探索行为，并为教育者提供关于幼儿如何探索 STEM 主题活动的具体建议。此项目围绕科学、技术、工程、数学和五种感官这五个领域，同时联合

幼儿园和家庭，在博物馆现场开展 STEM 活动，旨在为幼儿和家庭提供真实体验和 STEM 学习经验。

2. 澳大利亚："澳大利亚早期学习 STEM"项目

ELSA 是由澳大利亚教育部发起的一个基于游戏的数学学习计划，开始于 2018 年，由堪培拉大学的 STEM 教育研究中心开发，旨在鼓励学龄前儿童学习和探索科学、技术、工程和数学。ELSA 主要是通过移动应用程序来实施，但也会结合教师一开始对 STEM 概念的讲解和引入，以及在应用 STEM 概念时与其他幼儿的交流和互动，从而帮助幼儿培养在以后学习和生活中有用的重要技能和价值观，例如解决问题能力、交流能力、创造力、好奇心。在澳大利亚，ELSA 行动按照"体验、表达和应用"的模式来实施。

3. 澳大利亚："小小科学家"项目

"小小科学家"项目是澳大利亚对德国最大的同名早期教育项目的改造和应用。在德国，约有 47%的早期教育服务机构开展基于"小小科学家"探究式方法的实践，该项目曾入选经济合作与发展组织 2012 年 4 月发布的"有效学习的创新教学"典型案例。"小小科学家"是澳大利亚《国家创新与科学议程》所支持的幼儿 STEM 教育项目之一。

该项目的理念是让幼儿发现 STEM 的快乐，他们在一个好玩的环境中探索世界，从而增强他们对学习的渴望。该项目的特点是以工作坊专题形式提升教师的教学能力。该项目面向教师提供七个引人入胜的、基于游戏的 STEM 主题工作坊，注重理论和实践的结合，主题分别为"水 + 基于探究的学习和共建""计算机科学 + 计算机思维""空气 + 元认知""工程 + 技术教育""光学 + 项目工作""数学 + 数学推理""人体 + 科学模式"。通过各种工作坊，教育工作者和教师能够与 3—6 岁的幼儿一起学习，充满自信和快乐地探索 STEM。项目提供一系列工具和教育概念，支持实施以幼儿为主导的发现和研究，使科学探究尽可能方便学习者开展实施。

4. 芬兰："小小技术家"俱乐部项目

芬兰"小小技术家"俱乐部活动是专门针对学前领域 3—6 岁幼儿的 STEM

活动。该活动主要靠动手操作，旨在让幼儿在获得学习乐趣和成就感的同时，养成思考、讨论和探究的习惯。此项目共包括六次活动，不同活动之间由精彩的虚构故事串联。虚构故事激励幼儿亲身观察和思考，积极探索日常生活中的事物，诸如颜色、物质形态、密度和空间等。除了面对面的活动，幼儿还可以阅读《小小技术家》在线杂志、观看相关视频、与父母在家中做一些小实验等。

对于幼儿而言，该项目是一种崭新的创新方式，它有利于教师向幼儿介绍科学，并帮助幼儿建立终生热爱探索的思维方式。

四、教学视角下的幼儿 STEM 方法

STEM 教育具有跨学科和整合性的显著特征，而且幼儿学习强调从生活出发，在直接体验和观察中产生，这就要求幼儿 STEM 学习基于他们的兴趣，鼓励个人经验的获得，并通过观察、分析、对话、探究生活现象，培养幼儿的 STEM 素养。

1. 5E 教学法(5E Teaching Method)

5E 教学法是 20 世纪 80 年代教育研究者罗杰・拜比和他的同事们在建构主义理论思想指导下提出的一种教学模式。5E 教学法主要由五个教学环节组成，包括吸引（engagement）、探索（exploration）、解释（explanation）、拓展（elaborating）和评估（evaluation）。这五个环节环环相扣、层层递进，而且首字母均为“E”，因此简称为“5E 教学法”。

STEM 教育重视真实情境，重视探究，重视思考，重视解决问题，重视发挥幼儿主体能动性。5E 教学模式首先是引入幼儿感兴趣的现象，然后幼儿可以通过自主探索来检验自己的观点，接着再解释自己的观点。解释可以帮助幼儿厘清他们的观察活动，并且幼儿互相之间耐心倾听他人想法，也是一种语言发展的过程。而拓展能将课堂上探索的现象与现实环境联系起来，是幼儿园学习和与世界互动的好机会。最后的环节是评估，幼儿 STEM 评估不是一种测试，而是一种分析，帮助教师和幼儿不断调整和优化。5E 教学法能够很好地体现 STEM 教育的理念、特点与价值，是颇受关注的幼儿 STEM 课堂教学方法。

2. 项目教学法(Project Approach)

基于项目的教学法，又称作项目化学习、项目或专题探究、主题探索等，是美国另一类跨学科学习的典范实践。在项目设计学习中，学习者以设计师的专业思维，完成设计任务，形成学习成果，如产品设计、活动方案设计等，体现了探究和动手实践的特征。

很早就有专家提倡，在学前教育阶段，不同领域间统整的探究教学是实施STEM教育的重要方法。美国著名的幼儿教育专家凯兹(Katz)教授将幼儿基于项目的学习命名为项目教学法。她分析了大量的项目教学实例，案例表明，项目教学为STEM经验提供了良好的平台，与STEM教育息息相关。项目教学法指的是教师指导幼儿对真实世界主题进行深入研究的一系列教学活动。幼儿不仅运用探究能力与相关知能，同时为了解决探究中的问题，还会经历设计、制作等过程，并自然产生成果，使得科学概念、数学知能、相关技术等学科领域自然汇合统整，课程里充满STEM教育的重要特征。

3. 思考-尝试-制作-分享法(Think-Try-Fix-Share)

《通过STEM教育培养孩子问题解决能力》一书提到工程设计是运用创造性、应用数学以及科学知识来解决人类问题的过程，是STEM教育的核心。工程设计至少包括以下六个要素。

(1) 定义问题：观察问题，发现解决方案的必要性，确定标准和约束条件。

(2) 研究可能的解决方案：收集信息并提出解决问题的想法。

(3) 选择和规划最佳解决方案：对计划和数据进行分析，以确定哪种想法最能解决问题。

(4) 构建和测试原型：构造所选解决方案的工作模型，并调查工作模型，以确定它是否能解决问题，是否经得起任何重要测试，是否遵循了对问题施加的任何限制或规则。

(5) 改进设计：使用证据，比较备选方案，评估同行的想法，做出调整，直到工作模式以令人满意的方式解决问题。

(6) 沟通解决方案：使用口头和书面语言以及表格、图表、图纸和模型来展示问题的解决方案和所选解决方案的优点。

此书提出了基于工程设计思维的教学方法：思考-尝试-制作-分享法。这个方法也是问题解决框架，适用于幼儿解决问题的活动中。在活动中，幼儿可以成为有能力的“工程师”，对发现的问题做出反应，并努力去解决；在活动中，幼儿可以通过对工程问题的解决进行创造性思维、数学推理和科学思想的锻炼。

幼儿是在一个复杂的、相互交织的关系网中成长和学习的。纵观世界上STEM教育的研究和实践，要提供高质量的幼儿STEM教育，促使幼儿成为创造性问题的解决者，接受未来挑战，并与拥有不同技能的人合作，需要社会支持系统、政府的战略政策和学校实践的系统化建设。

1977年，布朗芬布伦纳提出了一个创新而有力的论据：对人类发展的全面理解，要求我们超越幼儿与其周围环境，或照顾者之间简单的一对一关系，要求我们研究幼儿生活于其中的复杂的、相互关联的环境，以及可能间接影响他们的更大的环境。从这一命题发展而来的生态系统理论已成为STEM研究人员、决策者和实践者的重要工具，影响着STEM教育的方方面面。

布朗芬布伦纳认为，幼儿在嵌套的影响系统中发展。想象一组同心圆，幼儿在中心，微观系统是第一个绕着幼儿的圆圈，指幼儿固定的生活环境，其中包括家庭、教室、儿童看护、课后活动或其他社区环境。第二层圆圈被称为中间系统，它承认微观系统环境之间的关系，例如幼儿的学校教育直接或间接地影响他们的家庭生活，反之亦然，或者家长和教师的行为可能对幼儿产生积极作用，这些都包括在这一系统中。第三层是外层系统，包括可以直接或间接影响幼儿的社会结构和机构，例如政府政策推动某些政策的研究。最外层的圆圈，称为宏观系统，由文化框架、典范、价值观和塑造幼儿学习环境的模式组成。唯有多个系统互相发力、联动，STEM教育才会蓬勃发展，才能为社会塑造未来有责任心和智慧的公民。

4. 五种感官多维体验法

五种感官多维体验法是幼儿利用感知觉去体验、探索、获取、处理和理解信息以及感知世界最基本的方式，即幼儿运用视觉、听觉、触觉、味觉、嗅觉多方面探索和感知现实生活中各种具体对象及其属性，并通过探究活动充分利用五官探索世界。美国马萨诸塞州的幼儿STEM课程和波士顿儿童博物馆的《STEM萌芽教学指南》都强调五种感官多维体验法的重要性。使用五官探索能够帮助幼儿获得基本的科学技能，并用画画、讲述、文字等形式表达他们的感受，有利于促进他们大脑的发育。

第三节　本土探索：幼儿STEM教育的本土化实践

一、STEM浪潮下的幼儿STEM动态

让所有学生全面且多样性地参与到STEM学习中并获得成功，是世界各国STEM教育的根本目标。近30年来，世界上诸多国家的STEM教育已经延伸到学龄前的幼儿教育阶段，并提升至国家发展的战略规划中，追求高质量的幼儿STEM教育，以提供给幼儿足够的STEM技能和素养。正如《开展幼儿园STEM教育的重要性和必要性》一文提到的，"进入21世纪以后，一方面现代社会在STEM方面的需求爆发式增长，另一方面STEM教育尤其是基础教育阶段的STEM教育在创新人才培养中的重要作用日益凸显，STEM教育得到了各国政府和教育部门的大力支持，并且开始逐步向中小学阶段和幼儿阶段(泛指小学之前的学段)延伸"。

中国的STEM教育尽管起步较晚，但在科技创新成为驱动经济发展的重要动力、中国经济社会转型对人才培养的崭新要求的背景下，STEM教育日益受到重视。2016年中国教育部在《教育信息化"十三五"规划》中要求，"有条件的地区要积极探索信息技术在'众创空间'、跨学科学习(STEAM教育)、创客教育等新的教育模式中的应用"。这个文件是中国官方第一个关于STEM教育的文件，具有纲领性和先导性，标志着我国正式踏入STEM教育改革的队伍中。作

为今后发展的大趋势，STEM 教育对于我国教育教学方式的革新和创新型人才的培养具有重要的价值和意义。

本土化 STEM 教育的实践离不开教育领导部门、专业部门、学校、社会的多维合作和协力开发，其中，专业指导和要求尤为重要。2018 年 9 月，我国首个省级基础教育 STEM 课程指导纲要——《江苏省基础教育 STEM 课程指导纲要（试行）》正式发布，标志着我国 STEM 课程开发进入新的阶段。该纲要倡导以项目化学习为主的实施方式，提出 STEM 课程要将相关具体学科课程和综合实践活动课程等融入实施，并且加强与学校科技创新项目和创客教育等的合作，开设专门的 STEM 课程，在课外乃至校外开展 STEM 教育活动。

2018 年，中国教育科学研究院颁布了《中国 STEM 教育 2029 创新行动计划》，呼吁更多社会力量协同开展 STEM 教育创新，提倡 STEM 教育惠及全体学生，希望能够培养学习者的创新思维和科学探究能力，通过注重学习过程的考量改变评价方式和创新培养模式。这个文件倡导将 STEM 教育推广到所有年龄段的学生，突出了 STEM 教育的整体性和覆盖性。

截至目前，幼儿 STEM 教育尚未被写入我国教育部门的正式文件或者报告之中，但是这并不意味着幼儿 STEM 教育完全是空白地带，幼儿 STEM 教育本身与幼儿教育的特点、幼儿的学习认知方法有着密切的关系。

《幼儿园教育指导纲要》（以下简称《纲要》）中明确指出，幼儿园教育活动要注重综合性、趣味性、活动性，强调不同课程内容之间需要有联系。《3—6 岁儿童学习与发展指南》（以下简称《指南》）中将传统科学和数学整合，其中科学领域以探究为核心，数学领域以解决问题为中心，并要求在教学中建立两个学科的内在联系，为幼儿提供真实的认知活动。《指南》还提出幼儿科学领域的学习要围绕激发幼儿的探究兴趣、鼓励幼儿的体验探究、发展幼儿初步探究能力，即凸显“探究和解决问题”这一核心价值。从这一视角看，STEM 教育与幼儿园的科学教育有着共同的价值追求和目标。以上两个文件是指导我国幼儿园发展 STEM 教育的重要依据，可见我国已经具备幼儿园 STEM 教育发展的土壤和基础。

2017 年，教育部印发的《义务教育小学科学课程标准》明确定义了 STEM 教育的内涵，并将其作为科学课程标准的重要内容，还规定从 2017 年秋季学期开始，义务教育阶段从一年级开始进行科学教育。这份《义务教育小学科学课程标准》使得从幼儿园开始的 STEM 教育、培养儿童 STEM 素养变得至关重要，这不仅有利于儿童顺利完成幼小衔接的 STEM 课程与科学课程的过渡，同时还为儿童的终身学习和发展奠定坚实的基础。

早在 21 世纪之初，中国和法国共同合作，在幼儿园和小学实施“做中学”科学教育改革实验中，提出要让幼儿经历提出问题、进行猜想和假设、设计实验和进行观测、记录获得的信息、得出结论和解释的探究过程。这项实验项目覆盖面较广，参加的省市多达十余个，时间跨度也久，长达十年多，对国内幼儿园和小学的科学教育改革产生了本质的影响，真正确立了科学教育和幼儿科学探究的概念和地位。“科学探究”真正成为了幼儿科学教育的价值取向，这些也为幼儿 STEM 教育的开展打下良好的基础。

二、本土化幼儿 STEM 的探索案例

我国幼儿园 STEM 课程的建设并非从零开始。“STS 教育”是早期幼儿园引入和推广的科学教育，涉及科学、技术和社会三方面，强调提高幼儿的实践能力，培养具有科学素养的人才。长期以来，幼儿科学教育强调，要注重幼儿好奇心和兴趣的培养，突出幼儿主动探究科学的过程，引导幼儿在自主探究的过程中获得对周围事物及现象的科学认识，从而形成初步的科学素养，这种综合性的活动目标与方式，实际上为幼儿园开展 STEM 课程积累了丰富的经验。

在国内外 STEM 教育浪潮的推动下，在幼儿科学教育的基础上，国内很多教育机构和幼儿园正在探索和尝试幼儿 STEM 教育。众多的研究者和实践者依据《纲要》和《指南》，参考国内外的实践经验和理论，设计和开展了 STEM 教育，涌现出众多本土化和园本化的实践整体案例和鲜活的教学案例。

中国福利会少年宫是国内较早系统开展 STEM 教育的专业机构，经过长期的实践，凝练出 STEM+ 教育的奶酪法则。此法则从实施步骤的角度设计，兼顾思维和能力类型的梳理，分为批判性思维能力、建设性思维和设计能力、融合性

思维和跨学科能力、系统性思维和工程能力、创造性思维和创新能力五个方面。此法则还在学前到高中的不同学段，建构了双向 STEM + 课程的结构性目标体系。

在幼儿学段，奶酪法则对应着五个方面的能力，分别是在教师和家长的帮助指导下发现和解释问题；针对问题，能够在教师的帮助下说出部分解决方法；联系生活经验，认识事物的知识类型；联系具体任务，分辨先后次序，完成一个动手作业；联系项目、生活、学习、活动，说出自己的新发现。这些能力要求为说明性列举，而不是充分性目标。此法则的进一步阐述描述可以在《STEM + 课程的系统解读——基于本土化实践的探索》一书中见到。

"2016 年 STEM + 教育上海峰会"于 11 月在上海市南洋中学举行，这是上海教育界首次举办的国际 STEM 教育峰会。峰会专门开设学前分论坛，来自上海的科技幼儿园、虹鹿幼儿园、襄一幼儿园、奥林幼儿园在论坛上进行了分享和交流，展示了幼儿 STEM 教育的实践成果。

襄一幼儿园的葛琰老师将园本学前 STEM + 课程解析为共同性课程、选择性课程、STEM + 课程三者相互结合构成的园本课程体系。他们的课程以情境学习为主，让幼儿的前期讨论在游戏化的活动中完成，并使得高结构的问题讨论结果在低结构的活动中得以解决、创建、再现。这是幼儿个体经验与集体经验的相互转换，整个 STEM 课程在高低结构活动循环往复的过程中逐步完成。

科技幼儿园园长高一敏举例，在设计机场项目中，整个环节会被拆分为建立机场、建立驾驶舱与机舱、定义角色、开启机场、改进机场 5 个阶段的 26 个活动。从问题引领到过程参与再到成果展示，以幼儿的生发创意为主导。

广东省深圳市天鹅湖幼儿园一直在探索把 STEM 融入园本课程当中，在中班分别开展了"堆肥""搭棚架""菜地守护者""自动灌溉器"四个活动。如果单看每一个活动，这些活动都是完整的 STEM 活动，但把这些活动放在一起，就能看出这些活动是有主题指向的，是围绕种植的主题展开的，是将 STEM 课程融入了园本课程。

江苏省南京小天鹅幼儿园坚持儿童是"天生的科学家""天生的工程师"的理

念，他们将园内的种植园开发成科学教育资源库和幼儿园天然生态的 STEM 教育中心。幼儿园以项目的形式，把 STEM 的相关知识与技能变成一个统一体，教师抓住种植园活动中“E（工程）教育”的机会，将幼儿的自主学习与种植园里的实际问题建立联系，提升幼儿的工程思维和建构能力。

2017 年 10 月，“学前 STEM 教育联盟”在中国教育学会学前教育研讨会上正式成立，该联盟旨在探讨可行的学前 STEM 教育路径，其成立表明我国学前阶段对 STEM 教育的接纳和重视，它将吸引越来越多的人关注 STEM 教育在学前阶段的应用与发展，这也预示着 STEM 教育在我国学前阶段即将迎来新的发展阶段。

第四节　园本架构：蒲公英幼儿园的“七引擎模式”

一、理解：探索的起点

1. 认识本质

什么是儿童？儿童的本质特性是什么？把握儿童的本质特性对于理解幼儿 STEM 教育的可行性和必要性具有重要的意义。

儿童天生是“探索者”。当儿童来到这个世界的时候，一切都是他所未知的，他对世界的一切都充满着好奇，他想探索，想了解，好奇心是他们打开世界之门的钥匙。儿童用他们所有的感官积极探索和研究这个世界。他们观察、调查和发现周围的世界，提出了无数的问题，他们的好奇心是寻找答案的动力，这些都是我们对最优秀的探索者和学习者的期望。儿童天生具有好奇心，并具备了解周围世界的基本能力和倾向。儿童不需要成年人给他们答案，也不会从某一种教学方法中受益匪浅。相反，儿童会拥有调查、尝试、探索、犯错误以及尝试修正错误的机会。从出生开始，儿童就好奇、活跃和顽皮，表现出无处不在的学习和探索意愿，他们具有强烈的内在动机，不需要额外的激励。

研究表明，早在婴儿期，儿童就开始发展和检验他们对于周围的世界如何运作的假设。他们从周围获取信息，并利用这些信息来指导自己的行为。在某种意义上，探索是他们存在的一种方式，一种游戏的方式，一种学习的方式。正如苏霍姆林斯基所言："儿童就其天性来讲，是富有探索精神的探索者，是世界的发现者。"

儿童天生是"科学家"。最近一项为期两年的研究分析发现，儿童能够在适当的发展水平上参与高中生进行的科学实践。正如研究人员解释的那样，儿童"能够进行观察和预测，进行简单的实验和调查，收集数据，并开始理解他们的发现"。即使在婴儿出生的第一年，当他们看到一些不符合他们期望的东西时，他们也会系统地测试物理假设。儿童是"天生的科学家"，他们会系统地、有意识地探索环境，这样的探索其实从他们出生的那一天就开始了。

通过研究发现，儿童在生命的刚开始就能进行系统的实验。例如，婴儿在出生后仅几个小时就能进行因果实验。儿童是通过提问和直接经验来探索的，在观察、探究和实验中不断地获得关于周围世界的新知识，这也是科学家的基本思维和行为。

儿童天生是"工程师"。儿童天生是工程师、问题解决者和合作者，在领导力、创造力和创新力方面有着无限的潜力。他们每天用积木、木棍、手指颜料和黏土等来建筑和创作，自然地会寻求解决问题的方法，讨论多种选择，知道必要时要重新开始。例如，当儿童用积木建造塔楼时，他们会充当工程师，试图制造一个高而稳定的结构。当他们探索不同的材料、形状和纹理的砖块如何影响塔的强度和稳定性时，他们还担任了科学家的角色，这时儿童在探索中使用工具测量塔高时，可能还会使用数学和技术。他们设计堡垒，从水坑里引水，并以其他方式创造性地解决问题。他们喜欢构建、收集物品、拆开东西，并把它们放回原位，这些特征和行为是 STEM 学科的核心。

儿童天生是"探索者""科学家""工程师"，具有 STEM 倾向和潜能，他们通过积极的探索去学习、观察、互动、探索和发现。如果在精心策划的、有一定挑战的、有适宜性发展的活动中得到特别的支持，他们就可以在 STEM 中对事物和现象以及对知识达到更高水平的理解。研究证实，早期指导、支持儿童对世界的好奇，重视让儿童获得基础 STEM 技能的机会，能够使他们在今后这些学习领域和思维、能力成就中更加成功。当成人有目的地培养儿童的好奇心和支持学习时，儿童可以有意义地参与到涉及探究和设计的活动中，为未来的学习奠定基础。

2. 对接《3—6 岁儿童学习与发展指南》

以跨学科为基本特征的幼儿 STEM 教育理念与《指南》的理念高度吻合，与幼儿园教育的价值追求不谋而合。《指南》将科学领域划分成“科学探究”与“数学认知”，将科学与数学进行有机整合是科学活动设计的必然追求，而以跨学科整合为典型特征的 STEM 教育强调数学、科学、技术和工程的有机整合，能促进幼儿的全面发展。此外，STEM 教育与《纲要》都强调有意义的整合，强调与现实生活的联系，重视活动设计的情境性和趣味性。

《指南》要求在科学领域的学习能够激发幼儿的探知欲望和探究兴趣，强调幼儿的自主探究与体验，掌握探索的方法，并且要不断提高幼儿的探究水平与问题解决的能力，尤其是凸显“探究和问题解决”这一核心价值。《纲要》还提出，要尽量创造条件让幼儿实际参加探究活动，使他们感受科学探究的过程。因而，科学探究真正成为幼儿科学学习的目标和主要途径。幼儿 STEM 教育重视幼儿的自主性和探究性，以解决真实问题为任务驱动，在实践中培养问题解决能力和创新思维，这与《指南》的倡导和要求一脉相承。

成都市金牛区机关第三幼儿园曾将《指南》的各项目标要求与 STEM 活动的发展价值进行契合度的分析，发现在语言领域的 10 项子目标中，有 5 项发展程度能达到“强”，幼儿在 STEM 探究中有争辩、反驳，需要耐心地听取同伴意见、陈述观点和分享彼此的发现。在社会领域的 7 项子目标中，有 4 项发展程度能达到“强”，幼儿在 STEM 活动中不仅需要解决不同的意见，协商合作，质疑提问，还要学会接纳并汲取同伴间的经验和观点，并学习人际关系的处理以及问题解决。在科学领域的 6 项子指标中，有 4 项发展程度能达到“强”。STEM 活动中蕴藏着丰富的科学原理和知识，以及简单的推理、分析、演绎等。幼儿不仅需要对问题和现象进行猜测并验证猜测，还需要通过观察、比较、动手等方法发现问题、分析问题并解决问题，从而建构科学的学习方法和思维模式。在健康领域、艺术领域也有所体现。总体而言，STEM教育与《指南》的五大领域的发展目标基本吻合，能够促进幼儿语言、社会性、科学素养多方面的发展。

3. 厘清“迷思”

（1）迷思一：STEM教育并不适合所有人，它只适用于部分幼儿

有人认为，不是每个幼儿都能学习STEM，因为STEM侧重于数学、科学，有些幼儿天生不擅长，所以不适合，很多人会潜意识地鼓励这种观点。还有类似的文化和传统上的偏见，如女孩学习数学和科学的能力比男孩要差，STEM教育并不适合女孩，更适合男孩。正如男孩收到的礼物多是积木、车模、建筑模型，女孩收到的礼物通常是洋娃娃和厨房模型，这些信息通常都是潜意识的，但是也具有破坏性。我们可以观察在花园里忙碌的幼儿，不管男孩还是女孩，他们都会规划和种植，其实他们是在学习环境科学、生物学，他们是在批判性地思考、解决问题、解决出现的错误等等，这一切都是STEM学习，幼儿正在学习和理解STEM里包含的知识、概念以及技能。

（2）迷思二：STEM教育先要教授基础知识，然后才能处理复杂的STEM主题

有人认为，幼儿先要具备认字、算术、写字等基础技能，才能为STEM学习做好准备；也有人认为，STEM学习先要学习数学、科学、工程和技术等科目里的知识或概念，这样才能在STEM学习的道路上走得更远。正如人们需要沉浸在语言环境中才能说得一口流利的语言一样，幼儿需要在长期的、不同的环境中获得关于STEM教育的机会，这样才能培养相关的STEM能力。幼儿STEM教育最显著的特征是跨学科，不是局限于某一科目的学习，而是指向热爱科学、敢于探索精神的激发，指向问题解决、设计创造、批判性思维、交流沟通等技能的培养。

（3）迷思三：STEM教育应该发生在教室里，而不是在教室外面

在传统的教学观念下，教学通常是在学校里或者教室里发生。幼儿STEM

教育的特点是实践性和生活性，让幼儿直接体验到自然和人类的生活。“玩要”对于幼儿来说，是一个极其重要的学习过程，也是 STEM 学习的自然方式。我们应该通过多种方式将 STEM 学习拓展到幼儿生活的许多方面，不仅仅局限在教室，还可以在校园、社区、博物馆和家庭等非正式学习环境中。当幼儿沉浸在 STEM 教育的氛围时，他们能时时和处处地接触 STEM，能够学习各种技能。

二、建构：创新的源泉

1. “做中学”的尝试

笔者所在的蒲公英幼儿园是上海市示范性幼儿园，是科学教育特色园。幼儿园从 1997 年创办起，坚持探索幼儿科学教育。起初我们展开幼儿科学教育探索时，只是停留在科学知识的传递和科学概念的解释上，对科学教育的认识比较狭隘，认为科学活动就是科学常识和科学知识的传授。2003 年幼儿园成为第二批教育部“做中学”科学教育项目实验幼儿园，这使得我们对科学教育的认识有了本质上的转变，我们认识到：科学教育的目的是培养幼儿的科学态度、思维方式和学习方法。

其间，我们开展了多项市、区级课题和项目研究，其中“科学活动中教师支持性行为的研究”“‘做中学’科学教育成果推广”“幼儿园阳光儿童培养的实践研究”“培养幼儿科学探索素养的实践研究”“3—6 岁幼儿科学素养发展评价的实践研究”等课题，为深化幼儿科学教育夯实了基础。

在“做中学”科学教育的尝试和实践的过程中，我们积淀了园本化的科学教育模式和经验，为幼儿科学素养的培养探索出园本的路径和方法，有力地提升了幼儿的科学素养。

- 幼儿科学学习的特点：探究、解决问题、尝试发现。
- 幼儿科学学习的价值取向：激发探究兴趣、体验探究过程、发展探究能力、形成受益终身的学习态度和能力。
- 科学学习的方式：直接感知、亲身体验、实际操作，做中学、生活中学、玩中学。

● 科学探究活动的主要步骤：

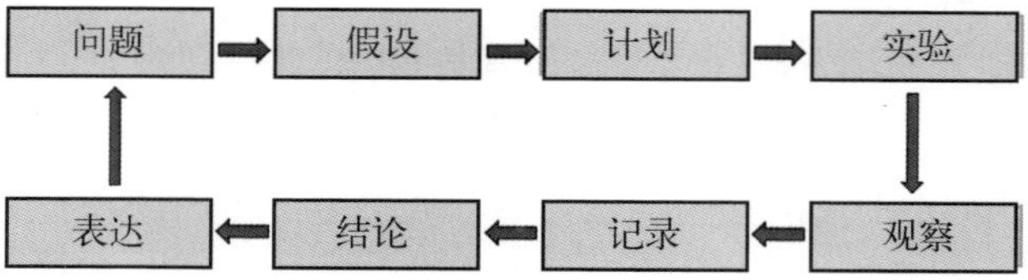

图 1－1　科学探究步骤图

幼儿在情境中，在教师的引导下，基于前概念完成提出问题、作出假设、设计和实施实验、得出结论、相互交流等步骤，并在教师和家长的帮助下，用图画或者简单的文字对整个过程进行记录。幼儿在提问、假设、观察、表达、验证中建立重要的科学概念，学习探究技能，改善合作和交往能力，促进语言和表达能力的发展，并在学习的过程中逐渐建构自己的知识体系。在整个过程中，教师需要时刻明确“启发者”的定位，避免直接的指示或提醒，而是通过启发式提问循循善诱，引导幼儿自主发现、独立完成。“做中学”的尝试和实践为幼儿园的科学教育积累了丰富的理论和实践经验。

2.“科学素养”的探索

经过长达十余年的摸索，基于科学素养的培育是幼儿科学教育的主要目标，我们在“做中学”的研究成果、理论依据和实践探索的基础上，充分考虑到幼儿的年龄特点与身心发展水平，展开了幼儿科学素养培养的研究和实践，研究重点从引导幼儿开展学习的教学活动研究，向促进幼儿自主探究的科学素养培育研究转变。

幼儿科学素养的实践研究主要以幼儿的生活环境和自然环境为对象，开展实验观察、游戏体验、种植饲养、动手制作等生动有趣的探索活动。科学素养的培养强调幼儿园阶段科学教育的最终目的不是知识的获得，也不是为了培养未来的科学家或工程师，而是要呵护幼儿的好奇心，发展他们的探究能力和思考力。幼儿园阶段的科学教育应以培养幼儿科学素养为目标，通过丰富多彩的教育活动，让幼儿在玩中学、聊中学、做中学、问中学、家中学、赏中学，充分调动幼儿对问题探究的积极性，发挥主动建构的能动性，使幼儿从小喜欢科学探究活动，养成科学的情感和态度，发展科学探究能力，不断内化理解，形成一定的科学认知和判断。

为了让教师领悟幼儿探索素养的内涵，我们从情感类素养、行为类素养、认知类素养和社会类素养四个方面界定了幼儿探索素养的内涵，梳理了各年龄段幼儿探索素养的培养目标：情感类素养主要是指具有强烈的好奇心和求知欲，行为类素养主要是指具有良好的动手能力和探究能力，认知类素养主要是指具有求实的学习态度和思考能力，社会类素养主要是指具有一定的协作能力和责任心。进一步梳理了每个实施途径的侧重点，充分发挥各个实施途径的主要优势，促使其更好地落实培育目标，确立了科学教育实验活动、科学探索发现活动、科学种植与饲养活动、科学教育制作四大活动。

● 科学教育实验活动：教师和幼儿利用和操作一些材料和工具，对自己的猜想进行验证的一种科学活动。

● 科学探索发现活动：由幼儿园科学教育骨干教师负责，依据科学教育领域开发活动材料，供幼儿自主选择，并以个别或小组探索为主要方式进行的科学活动。

● 科学种植与饲养活动：利用自然角、种植园地、饲养角开展种植蔬菜、喂养小动物的活动。

● 科学教育制作活动：利用生活中的简单材料，鼓励幼儿开展一些小制作活动，并在制作的过程中发现一些科学奥秘，积累一些科学经验。

3. “七引擎模式”的探索

当 STEM 教育扑面而来的时候，幼儿 STEM 教育也日益受到学前教育界的重视，成为培养幼儿科学素养的重要选择和路径。幼儿 STEM 教育作为一种主动探究式的教育方式，具有综合性、情景性、合作性、趣味性等特点，它对于解决我们当前幼儿科学教育实践中存在的轻视幼儿生活实际、忽视幼儿主体地位、忽略幼儿主动探究等问题具有重要的意义，而且对于促进幼儿科学教育、提升科学素养的深化研究具有特殊的价值。

伴随着对 STEM 教育认识的不断深入以及对幼儿科学素养培育探究的推进，我们以 STEM 教育的建构来深化幼儿科学教育实践，并从科学教育的单一视角提升到 STEM 的跨学科整合视角，突出培养幼儿在真实场景中整体性地认识世界，在游戏、学习和探索中感受到探究的乐趣和惊喜，获得 STEM 经验和倾向。我们认为，学前教育阶段的 STEM 学习在真实的、有意义的情境中，有助于幼儿在不同学科领域之间形成有意义的联系，帮助他们形成更高阶的思维技能，这对于幼儿成长为明日世界的公民，将来能够拥有更为深入的学习能力，助力他们更好地生活在未来，具有重要而积极的意义。

(1) 幼儿 STEM 教育的园本界定

我们把 STEM 教育理解为是一种“学习方式”，主张以工程(设计和制作)活动为主线，整合或蕴含科学的学习经验，运用技术工具或积累的技术经验以及数学工具，解决生活或学习中的问题。

(2) 整合视角下 STEM 教育各领域的内涵

STEM 教育的内容主要是围绕科学、技术、工程与数学这四个学科的整合展开的，在任何有关 STEM 教育“教与学”的问题中，首先要解决的都是厘清这四个学科的内容及它们之间的关系，否则教师很容易在整合中遇到问题。在幼儿园，STEM 各领域的内容如下。

a. 科学

科学是关于自然界客观规律的认识，是发现客观存在事实和规律的过程，是关于“是什么”和“为什么”的知识，是获取知识的过程和方法。科学的核心是发现。《3—6 岁儿童学习与发展指南》中指出，幼儿科学学习的核心是激发探究兴趣，体验探究过程，发展初步的探究能力。《指南》同时还指出幼儿园科学教育的三个目标：亲近自然，喜欢探究；具有初步的探究能力；在探究中认知周围的世界。这三点分别对应了科学探究目标的三个维度：情感态度、探究能力和知识经验。

情感态度维度的目标体现了对幼儿好奇心和探究兴趣的高度重视，它们是幼儿科学探究中的首要目标和前提性目标。幼儿的科学学习不能以牺牲兴趣为代价来求取能力的发展和知识的掌握。

探究能力包括探究过程和探究方法两个方面。探究过程包括提出问题、观察探索、思考猜测、调查验证、收集信息、得出结论、合作交流等基本环节，探究方法包括观察比较、实验验证、调查测量等。幼儿的探究能力是在探究解决问题的过程中综合运用各种方法的能力。幼儿正是运用不同的探究方法，在发现问题、分析问题和解决问题的过程中获得探究能力的。

就探究的内容而言，包括六个方面的主要内容：常见的动植物、常见的物体、常见的物理现象、天气与季节变化、科技产品、环境及其与人们生活的关系。这些内容都是幼儿生活中常见的事物，教师要支持幼儿在与事物活动的过程中积累有益的直接经验和感性认识，要引导他们在探究中进行思考，尝试进行简单的推理和分析，发现事物之间明显的关联。

在幼儿园，科学教育的三个目标并不是相互独立的，它们反映的是探究过程的不同方面，是不能分割的，因此切忌分别学习和单独训练。

b. 技术

技术指的是人类将科学知识用于解决实际问题，在利用自然、改造自然中所创造并使用的工具、方法，以及所积累的经验的总称。技术在人们的生活中有着广泛的应用，如纸张、电话、交通工具等。但是通常情况下，人们认为技术是指电脑、数字媒体等高科技，这是一个误解。在幼儿园，技术的学习是通过工具的使用，即让幼儿操作、使用各种常见的工具来支持学习，同时帮助他们在使用工具解决问题的基础上，体会应用技术的优越性。因此，在教室中使用的工具会成为幼儿园技术学习的重点，这些工具包括：测量工具，如温度计、卷尺、量杯、天平；观察工具，如放大镜、望远镜。

关于技术备受争论的一个问题是：在幼儿园中要不要使用电子产品？该问题的答案是肯定的，因为幼儿生活在信息化时代，他们的生活很难完全屏蔽电子产品，由此，问题变成如何选择适宜的电子产品。克罗门茨(Clements)关于软件的看法能够给我们带来一些启示，他认为，软件应该适宜学前幼儿的年龄特征，应当是开放式的，软件的设计旨在鼓励发现，而不是强调死记硬背和机械练习。

然而，尽管数字技术无处不在，并且是幼儿日常生活的一部分，但是技术永远不能取代真实的、动手操作的经验。因为幼儿是通过真实的、直接的经验来建构他们想法的。

c. 工程

在 STEM 教育中，工程往往是最容易被忽略的学科，似乎它离幼儿的能力所及比较远。但其实工程为整合 STEM 学科提供了一个令人激动的契机。在工程活动中，幼儿当下获得的动手经验能够帮助他们理解将来会接触到的抽象的数学和科学概念，也就是说，工程材料的开放式探究为高级思维的发展提供了基础，可以使幼儿看到工程中的数学和科学是如何与现实世界联系在一起的。

就过程而言，在现实生活中，工程师不仅需要找到问题的解决方法，还需要弄明白采取哪些措施来实现当下的解决方案，即工程设计过程。工程设计的过程为低年级学生和幼儿接受工程教育提供了有效的方式，为幼儿提供了一种探究、制作、测试和重新设计事物的背景，符合幼儿坚持完成一个任务直到获得成功的特点。

工程设计过程的模型有很多。Engineering is Engineering（EiE）提倡五步工程设计模型：提出问题、想象、计划、创造、优化。凯莉（Kelley）提出工程设计的模型包括：引出问题、研究、头脑风暴、透过探究实验的方案设计、建模、评估、引出问题。Angi Stone-Macdonald 及其同事提出的工程实践步骤包括：思考、尝试、解决和分享。萨莉（Selly）提出的模型包括：定义问题、探究、设计、创造、试验及优化。尽管这些模型的步骤有所不同，但是它们都体现了设计、制作及优化的过程。从这个角度而言，工程是一个过程，是一个系统地解决复杂问题的思维模式，教师更应该把握好“设计”一词，让幼儿“像工程师一样实践”。

在幼儿园中，一些活动包含了工程设计的元素，如建构游戏、科学制作活动等，教师可以结合这些活动来开展工程教育。

d. 数学

数学是研究现实世界空间形式和数量关系的科学。在《指南》中，数学与科学一起组成科学领域,但是二者在内容指向上有明确的分界。《指南》中有关数学学习的目标包括三条:初步感知生活中数学的有用和有趣;感知和理解数、量及数量关系;感知形状与空间的关系。其中,第一条指向了对数学学习的态度和数学学习过程性能力方面的期望,后两条指向了幼儿早期数学学习的核心内容。具体而言可以细分为九条核心经验:集合与分类、模式、计数、数符号、数运算、量的比较、测量、图形与空间方位。在幼儿数学学习的过程中,一个很容易出现的误区就是认为幼儿可以通过语言的模仿和记忆来理解数或数量关系。尽管这种记忆是有一定的价值的,但是数学是抽象的,它反映的是事物之间的关系,需要幼儿通过对事物的反复操作、对比和反思才能掌握。

在理解STEM教育时,关注STEM四个学科领域的内容非常关键,这是STEM活动开展的基础。STEM教育的本质是整合,是以学科间互相融合交叉的形式整合,是以生活经验和实践经验统整所有学科,因此要关注不同学科之间的关系,即一门学科知识是如何影响另一门学科的,这使我们能够跳出原有学科的割裂,促进跨学科的发展。

科学、技术、工程和数学四个学科之间并不是孤立的,是相互联系的。科学是工程设计的基础;技术一方面是科学或工程的产物,另一方面又可以应用于科学和工程领域。例如,显微镜的发明建立在光学原理(即科学)的基础上,而又因为发明了这样的工具,反过来可以应用到科学探究中,帮助人们看到原来看不到的微观生物世界,所以技术可为科学研究所用。工程是实际运用科学、数学及技术工具的实践活动,它用于解决实际的问题,或者制作实际的产品。数学是解决问题的工具,可以运用到科学、技术和工程中。由此可见,这四者确实是紧密联系的,这也是其可以整合的原因。

当幼儿跨学科建立联系时,他们能更好地理解材料、理解它们是如何在真实生活中融合在一起,从而获得直接经验和解决真实世界问题的机会。

(3) 幼儿STEM教育的“七引擎”园本模式

基于二十余年对科学教育理论研究的积淀,以及对STEM教育的要素和特征的充分把握,蒲公英幼儿园建构了“七引擎”幼儿STEM教育模式,以系统性、科学性、实践性支撑起幼儿 STEM 教育的实践路径和方法。

引擎一：面向真实的问题。幼儿学习过程中的角色定义是真实的，在真实的情境中开展探索，完成真实的任务，解决真实的问题。幼儿基于自身已有的知识和经验，基于一定的任务、要求和问题，通过质疑、探索方法、建构和协商、理解并生产意义，找到合适的解决问题的方法。

引擎二：基于项目驱动。以生活中幼儿感兴趣的项目作为活动的方向，再以项目中幼儿最关心的问题作为线索，由浅入深地支持幼儿探究行为持续性与科学性的发展，促进幼儿自主性探究与学习。

引擎三：注重目标导引。教师要了解幼儿的年龄特点，分析幼儿不同的思维方式和视角，并有目的地介入到幼儿和材料的互动中组织幼儿的学习；在适当的时机用问题引导幼儿，支持和促进幼儿的学习和发展。教师需要观察和了解幼儿在学习中的能力表现和个别差异，这些了解可以让教师在设计课程的时候考虑到幼儿个体的差异性与学习能力的差异性，并有目的地提问。

引擎四：在理解中学习。STEM 教育不是一个传授知识的过程，而是一个由教师帮助幼儿依据自身的经验建构和理解意义的过程。教师向幼儿提出有关问题，引导其学习、收集有关资料，通过积极探索、体会、思考，去“发现”概念和原理，建构知识体系，培养可迁移的能力。

引擎五：记录是为了发现。语言是思维的外显，记录也是思维的外显，记录能够帮助幼儿梳理和表达认知和思维。通过记录，教师不仅可以看到幼儿 STEM 活动中倾向性和预测性的行为，还记下了探索和思维的过程、结果。教师应该指导幼儿利用记录，发现支持自己观点的依据，学习客观描述，以便他人更容易理解和接受自己的观点。

引擎六：建立学习共同体。协作伴随 STEM 学习过程的始终，学习过程离不开协作，协作过程也是合作与会话的过程。以学习共同体的形态推动幼儿进入组织学习，在学习共同体中，幼儿不仅要学会怎样成为公众中的一员，还要学会合作、遵守规则、具有责任意识等协作能力。

引擎七：评价促进发展。教师要尊重幼儿的主体地位，利用科学合理的方法、手段和工具来展开评价，促进幼儿的发展。教师通过观察与记录他们在 STEM 活动中参与、操作、实验、交流、合作、态度等方面的状况，做出分析和评价。此方法关注的是幼儿的学习过程而非学习结果，更强调的是评价的过程性、现场性和即时性。

第2章

面向真实的问题

孩子们在教室里所为和科学家在实验室里所为只有程度不同,没有本质区别。

——布鲁纳

面向真实的问题，是指学习过程中的角色定义是真实的，在真实的情境中开展探索，完成真实的任务，解决真实的问题。幼儿基于自身已有的知识和经验，基于一定的任务、要求和所要解决的问题，通过质疑、探索方法、建构和协商、理解并生产意义，找到合适的解决真实问题的方法。

STEM 教育是关于实际问题解决的探索活动，无论是项目化学习还是学科整合，抑或是工程设计，最终要解决的是实际问题，也就是解决真问题。解决真问题是 STEM 教育的显著特征，即在真实的情境中开展探索，以完成真实的任务来解决真实的问题。

第一节　情境真实：发生在生活学习中

一、基于的立场

幼儿的 STEM 活动不是为了综合各个学习领域的关联知识点来进行教育，而是为了了解各领域的内在联系，以解决实际问题为基础的学习，是利用学习过程来帮助运用技术，做自己想到的、自己设计的工程，整合各领域学习内容展开探索的一种学习方式，也是实现深层次学习、理解性学习的重要方式。这种学习方式注重在真实的情境中，以问题解决为核心，鼓励幼儿发现生活中的真实问题，并在问题驱动下创造性地解决问题。

我们在思考：在以往的教学活动中，是否有太多的活动预设源自成人的设想？幼儿的学习是为了完成既定的教学任务而展开的吗？我们所鼓励的探究问题是否基于幼儿的兴趣和发展需求而设计？我们有没有反复思考这些活动是否有促进幼儿能力素养提升的价值……我们发现，在现实的教学活动中，有很多活动都没有做到真探究，而是为了完成教学任务去设计相应的探究环节、科学活动，以让幼儿沿着单一的轨迹建构相应的探究结论，找到预设的或已经存在的答案。所以说如果我们做得还不够好，那我们是忽略了什么呢？

反思以往，由于教师对理念的认知理解不到位，对自身教育行为的反思不足，将探究的目的理解为让幼儿获得教师认为正确的结论，其所构建的课程提供给幼儿探究的空间比较狭窄。如何改善学习方式，我们需要打破多年循环下产生的习惯或惰性，去掉僵化的学习方式，给教师更多的课程设计空间和权力。而教师则要更多地去思考如何和幼儿一起展开探索，思考怎样的学习能培养学习者的关键能力和核心素养，思考怎样的活动方式能促进这些能力和素养的养成。

二、在真实中赋予意义

建构主义认为，学习不是将信息从专家传递给新手的被动过程，它更应该是一个主动的、建构的过程，是采用“做中学”的方式，在学习者所沉浸的特定的学习环境中，通过参与真实的活动，在对探索对象、任务、材料等进行认知加工的过程中，形成自己对领域知识的理解，并由此将旧知识与新认识建立认知关系。

真实的情境是指在幼儿的生活和学习中，教师为了完成教学任务，创设有助于真实探索的环境和条件，从而达到意义建构的学习。其核心为：第一，探索过程中需要解决的问题是真实的，是可操作并可持续改进的，没有唯一答案和标准；第二，在探索和学习的过程中，幼儿的角色定义是真实的，是像科学家一样的探索，像工程师一样的实践，他们是在完成真实的任务，解决真实的问题。

意义建构是 STEM 活动的目的和价值。在 STEM 活动中，教师通过让幼儿学习简单的科学术语、推理方法等，获得理解能力和推理能力，借助这些脚手架，幼儿可以将已有的经验知识与现在接触到的事物表征联系起来，进行新的思考和学习。真实情境下的表征可以帮助幼儿在探索过程中学习、思考和推理，理解和表达对事物的判断和认知，所以真实的情境更要体现教师观念的转变，体现其对 STEM 教育理念的深刻理解。真实的情境不仅指环境或某些场景和材料，还可以由教师通过课程构架和材料提供，在真实的环境、场景和情景中，将问题寄居在问题中、附着在材料里、存储在学习环境中，并且随着不断产生的新问题，展开对环境的调整和补充，支持幼儿展开持续探索。

意义构建还可以通过师生们经历的回忆、知识的检索和提示、经验的迁移和应用来进行，通过学习方法的改进与创新，师生们不断产生探究问题。这种通过真实的学习任务，以解决问题为主线的探索活动，为学习者提供了更多的发现、探究、设计、实践、思考、改善等深度学习的机会，能帮助他们构建经验、引发联想、唤醒记忆，吸引学习兴趣，激发持续探究。

我们要有这样的认识：每个幼儿都有权利积极参与影响其生活的所有事情，他们应该与教师一起完成探究学习这项重要的工作，这样就使得他们也成为课程的决策者和共同研究者。站在幼儿视角下的教学设计，应是针对学习环境的设计，而非针对教学环境的设计。因为针对教学环境的设计意味着更多的控制与支配，而针对学习环境的设计和创设则意味着提供更多的主动探索与自主思考的机会，所以我们要创造一个能够通过不断提问来加深教育实践理解的真实的学习环境。

生活为幼儿 STEM 教育提供了丰富的内容，为幼儿提供了无尽的机会去参与 STEM 学习。当幼儿与真实的场景互动时，一项看似简单的活动也可以是一门丰富的课程，比如观察昆虫、鸟、附近生存着的动植物等。幼儿不仅可以通过与自然环境互动来探索植物、动物和自然现象，还能通过生活中经历的事情或产生的问题开展研究，以他们的方式探索和理解物体的物理属性。

案例链接

草莓保护行动

蒲公英幼儿园里有个种植园，这是幼儿最喜欢的活动天地，也是接触和亲近大自然的最佳场所。他们在种植园自主种植，观察植物生长的过程，发现植物生长的奥秘，体验种植的乐趣。有一年，大班的幼儿种了一些草莓，他们经常浇水，清理杂草，观察草莓生长。

在一段时间的照顾后，一颗颗绿色的小草莓成型了，大家盼望着它们早日成熟，成为鲜艳红嫩、令人垂涎欲滴的草莓。然而，问题来了：为什么绿草莓上接连两天都有小洞洞出现？幼儿经过一段时间的观察后得知，这是小鸟吃的！

教师充分认识到这个真实场景中蕴藏的STEM教育契机，引导幼儿讨论如何解决小鸟破坏草莓的问题。最后，通过对“有什么办法保护草莓，不被小鸟吃掉”“还有什么更好的办法能赶走小鸟，让草莓更好地长大”这两个问题的探究和讨论，有效地解决了小鸟破坏草莓的问题。

在保护草莓行动的案例中，小鸟破坏草莓的场景真实存在于幼儿的学习生活中，能够有效地激发幼儿的探究兴趣和好奇，并赋予STEM学习与现实生活有意义的联系，从而帮助幼儿建构知识。

第二节　任务真实：使探究具有童真味

一、真实探究来自动机激发

STEM教育应专注于学习的方法，而不是学习的内容，学习的方法包括幼儿对学习的感觉（包括兴趣、快乐和学习动机）和幼儿在学习时的行为（包括注意力、坚持、灵活性和自我调节）。教师要持积极的态度支持幼儿在所有的学习领域中玩耍和学习，并将此嵌入到所有课程领域中。

现实中有不少探索活动都没有做到真探究，教师只是布置任务，幼儿配合完成相应的探究的环节，显然这种活动最终并不能帮助幼儿开展他们需要的探究。如何基于真实的探究任务来服务探究本身的价值研究，是学前STEM实践研究的重要命题。

幼儿会利用他们的感官来探索自己所处的环境，会记录自己观察的结果，能和同伴交流或者在群体中分享想法；他们对已经知道的或者想知道的，抑或是对在自己的学习过程中学到的东西都很坚持自己的判断；他们还喜欢描述或展示自己最喜欢的学习方法，介绍自己观察、模仿、提问、亲身参与探索的各种经历。

1. 主动

幼儿是天真并且纯真的探索者，他们会主动争取各种探索的机会，毫无顾虑地拥抱真实的自我，对未知的答案和自己的既定目标都充满渴望，他们非常主动，没有功利心。主动的特点是内部动机，幼儿的行为是自愿的，他们希望独立做出选择和决定，表现为幼儿追求具有挑战性的目标，并利用探究的机会，开始自己的活动和游戏，或邀请其他幼儿参加，并表现出对自己或他人负责、满意的态度，这是内在的自我奖励或满足，就如同创造力、尊严、自主权，是内在的动机激发。当然主动也涉及外部行动，但主动不是通过成绩和金钱等外部奖励发展起来的，它需要建立在幼儿自信和挑战自我的基础上，通过教师、伙伴的合作和互相支持来实现。

2. 好奇心

幼儿的生活充满了惊奇和分享，在他们探索世界的时候，他们的兴奋、专注以及如何“工作”的经历，对他们来说都是一种快乐的体验，我们要让他们的每一天都成为一个“充满幻想的日子”。幻想应该由问题组成，所以我们可以帮助幼儿设计和构造问题，比如“我想知道怎么样”“为什么”“在哪里”“如果……”等。教师的指导和支持贯穿幼儿正在进行的调查、检索信息、探索和理解现象的过程，教师针对性的提问，使幼儿保持持续探究的热情，并发展他们的语言。

3. 专注和坚持

在遇到挑战任务时，要思考培养幼儿的坚韧性，而不是让他们感到焦虑和无措，每经历一层困难都可以激励幼儿去尝试更有效的方法、更有挑战性的任务。教师可以增加探索时间，耐心等待，用持续的探究活动来培养他们的注意力和毅力，这样他们更有可能坚持下去。通过应对挫折的学习和坚持探索的经历，幼儿可以体会到克服障碍后的成就感，可以增加学习动机，培养注意力。

4. 创造力

创造力是通过探索和发现形成认知、思想的过程。创造力不是做比别人更好的事情，而是去思考、探索、发现和想象。幼儿创造力的养成是他们的经历发展过程，是自由地发明、创造和寻找新的方法来做事情的过程，是试错、探索和不断尝试的过程，因而教师不能只关注幼儿探究的作品或结果。幼儿需要很多学习和玩耍的机会来培养他们的创造力，他们需要丰富的、多感官的学习环境来支持不同兴趣的产生，满足他们个人的求知需求，形成自己的学习风格，发展创造力。对幼儿成长特点和发展需求的了解，是决定幼儿 STEM 课程内容的必要条件，这个了解应该基于许多游戏和学习经历，基于对幼儿探究行为的仔细观察、分析判断和介入支持。

二、真实探究来自生活链接

在实施 STEM 教育之前，教师需要做的是审视目前正在开展的活动或者班级内已有的活动，选择和设计适合的活动内容和方式，这里包含了要思考的两个问题。其一，基于每个幼儿的认知特点和需求的不同，幼儿的兴趣和学习方式也有所不同，要考虑到他们的探究可能会有不同的发展方向，所以教师在预设活动方案时尽量考虑不同幼儿的特点，可以借鉴一些优秀的活动案例，但是不能完全照搬。其二，教师在 STEM 教育中扮演着非常重要的角色，既是合作伙伴，又是支持者和引路人，所以教师是否了解 STEM 四个学习领域的内容、是否清晰 STEM 对幼儿发展的价值、是否具有整合意识是 STEM 活动开展的重要因素。这些都意味着，为了更好地进行 STEM 实践，教师需要学习、思考和改变，要根据幼儿的兴趣、疑问和想法，有目的地让幼儿参与实践并做出反应，促使他们真正地掌握重要的学习和探究技能，帮助幼儿与现实世界建立有意义的联结。

STEM 跨领域的联系和整合有助于幼儿在探索的过程中合成、重组和转化知识，并培养他们的创造性和独立思维。幼儿的学习需要积极的探索行动来支持他们对事物的理解和进行有意义的构建。当活动与有意义的现实生活经验相联系时，幼儿能够更主动地概括相关的知识和经验。幼儿在幼儿园 STEM 学习过程中，学习解决问题，探索新概念，获得相关的经验、技能和知识，与此同时还能增强他们的身体协调性、社会交往和情感能力，所以幼儿需要足够的时间来参与项目化学习和调查，以满足自己的求知欲。当课程的实施发生在幼儿身上，师生共同发起的探索、游戏与教师设计的教学活动结合起来，以灵活的、符合幼儿现阶段发展的方式来展开STEM学习时,此时的课程是强大的,适合幼儿的发展需求。

真实探究要具有童真味。所谓的“童真味”就是让幼儿做自己能做的、想做的,有趣的、自主的,有能力、有挑战的探索活动;让幼儿用自己的眼睛去看问题、发现世界,拥有自己的理解和解释,用自己的语境来表达判断和思考。幼儿的探索成果虽说没有经济价值,但对他们自身的发展却有着重要的意义。探索不只是做实验或者完成预设的任务,尤其不是做教师设计好的活动。对于幼儿而言,探索过程本身就是一种游戏,但这也是一个困难的游戏,充满阻碍,需要集中精力、付出努力才能完成,所以他们需要被提供问题、任务,通过自主设计的方案,在游戏、动手操作和思考或其他激励大脑的活动中,学会观察和解决问题,用他们自己的语言、表格、图画和符号表达发生的事情,以及对事件或事物的解释。幼儿在与具体材料互动和解决问题的体验过程中,形成自己的认知和判断。

三、真实探究来自任务真实

相对于以知识的获得为目的的学习方式,真实的任务具有较高的探究价值,因为在完成真实任务的经历与过程中,这类问题源自幼儿真探索的需求,用探究真实的任务来激励和帮助幼儿解决问题,促使幼儿能够得到能力的挑战、经验的获得、社会的认知、相处的方式和品行习惯的养成等多种体验和经历。这些经验和素养是幼儿通过探索和参与活动,在解决真问题的过程中获得的。他们通过探索材料、参与活动、发展与同龄人和成年人的关系,在积极的互动中了解世界和社会。真实的任务最终能帮助解决问题,或者服务于幼儿的后续学习和生活。教师要相信,所有的幼儿都有自主学习的能力,所有的幼儿都有能力取得积极的发展成果,我们应该对他们所有的探究抱有很高的期待,积极地配合和支持他们。

探索真实的任务可以帮助幼儿在理解的过程中寻找和提出试探性解释。试探性解释并不是将答案直接告诉幼儿,每个幼儿的发现和认知各不相同,教师要放弃权威和评判,以同伴的身份提出试探性的解释,以激发幼儿的连续思考和持续行动，这种思考和行动将驱动幼儿调动和应用自身的多种能力，这就是我们期待的深度学习，有利于高阶思维的培养。

教师要为探索真实的任务准备工具、材料，提供一些观点、支持或建议。教师需要观察和了解探究过程中幼儿的过程性能力发展差异和个别差异，如比较、分类和测量能力，这些能力在解决问题时是必须逐步获得和应用的，此外还有观察、沟通、推理、假设、定义、计算、记录和控制变量等能力的培养。对幼儿这些能力的了解，能让教师在设计 STEM 课程的时候，考虑到不同幼儿的学习能力和特点，有目的地介入和材料的互动中，组织每个幼儿的学习，并在适当的时机积极推动持续的探究，从而支持和促进幼儿的学习和发展。探索真实的任务需要课程内容、学习时间和空间得到充分的拓展，比如数学的学习可能发生在操场上，表演游戏的演员组、道具组和工程组各自需要完成自己的任务。在 STEM 学习中，真实的任务促进了课程领域和时空之间的联系。

四、真实探究来自环境真实

环境对儿童的学习和发展起着至关重要的作用，做好环境的资源配置是满足幼儿好奇心和求知欲的重要教育策略，对他们的探索有重要的影响。幼儿 STEM 活动的展开需要环境的有力支持，教师要组织真实的学习资源，有目的地呈现真实的情境，创设基于探究的学习环境，为项目活动提供支持环境，这是开展 STEM 活动的基本要素之一。

1. 图书区域

在开展 STEM 活动时，幼儿需要事先收集关于此活动的信息，以支持自己的探究。图书的来源，可以是幼儿园图书馆、家庭藏书或社会图书馆，也可以是教师、家长共同收集的阅读资源等。

书籍、杂志或一些影印的文本内容可供幼儿查阅、搜索和调研。教师可以引导幼儿一起将图书区域的文本资源做好索引，可以设计图文并茂的目录和类别，如动物、生活系统、地球、技术工程类等，便于大家查阅和归类整理，图书区域除文本外，还可以提供一些影像资料，便于从中寻找所需信息。

2. 材料工具区域

在探究过程中，要创设便于选择、获取各种材料的区域。材料可以是生活中常见的低结构材料，也可以是工具和器材。这些材料和工具应该是真实可用的，而不是模拟的或者形似的物品。

3. 观察区域

在STEM的活动空间中划分观察区域是非常有必要的。幼儿在探索中需要通过对实物的观察来收集证据，如植物的生长、动物的生活方式以及各种生长周期实验等。观察区里可以准备一些观察必备工具，如放大镜、培养皿、镊子、有透气孔的小容器等，还可以准备一些数据工具，如卷尺、刻度尺、温度计、相机、平板电脑等。

4. 记录区域

在持续探究的过程中，为了更好地梳理收集的信息，记录自己的发现，幼儿需要记录、制作海报、制作故事版面、整理研究记录等，教师要为幼儿准备所需要的物品，包括各种纸张和笔、文件夹、夹子、纸盒、胶水、剪刀、平板电脑、打印机等。

5. 展示区

当完成作品时，需要有特定的区域展示他们的作品。立体化和多样化的展示便于观察比较不同小组的作品，以互相启发。

案例链接

“嘴馋了吗？”草莓特卖会

在大家的努力下，“保护草莓行动”成功之后，幼儿并没有止步于草莓的保护，而是延长了学习链条，等草莓成熟后，举行了“嘴馋了吗？”草莓特卖会。他们自由分组，有的动手制作特卖会的欢迎门头、自制抽奖机、设计制作迎宾绶带，有的布置宣传版面、指示牌、设立摊位等，大家按照不同分工，忙得不亦乐乎！

特卖会那天，幼儿到草莓园现场采摘、洗净草莓，还根据数量将草莓平均摆放在果盘中；特卖会上，幼儿向家长介绍食品、计算金额、引导家长就座……每个幼儿都有真实的任务，都经历着真实的过程，这时候的探究也在真实发生着。

“嘴馋了吗?”草莓拍卖会的STEM活动案例，将计算、制作、设计等有效地整合起来，达到了跨学科整合的目的，并通过特卖会这个真实任务的设置，催生了适合不同幼儿特点、促进幼儿不同领域发展的子任务。无论是大任务，还是小任务，都具有浓郁的生活气息，具有鲜明的真实性。

第三节　角色真实：让幼儿能够有担当

一、把握思维特征

幼儿的思维以形象思维为主，但他们已经初步表现出抽象逻辑思维，因为他们可以依靠头脑中的表象和对具体事物的联想展开思考和想象，运用已经知道的、见过的、听过的知识来思考问题，这表明他们的思维从形象思维向抽象逻辑思维过渡。

幼儿能利用他们的感官来探索环境，会记录观察发现的结果，与他人分享自己的想法。幼儿会用“是什么”“怎么样”和“为什么”等问题来获取相关事件和现象的信息，他们不断尝试各种各样的新经验，与材料互动，通过探索问题和完成任务，不断丰富知识和提高各种能力，从而表现出独立性。依靠教师和家长的支持，幼儿会从各种渠道寻求信息，如查询书籍资料、与教师和家长交流、在探索中观察和记录等等。他们喜欢描述或展示自己最喜欢的方法，介绍自己在探索中的观察、模仿、改进、思考等亲身参与的各种经历。

幼儿乐于在各种情况下尝试获得新知识的新探索。教师要根据幼儿的能力和兴趣让他们承担有意义的分工，尝试新的任务或者挑战新的问题。幼儿喜爱扮演各种社会角色，会带着这些角色所赋予的社会责任感去进行探索，他们乐意像科学家一样去实验和思考，像工程师一样去创造和改进，他们在各种活动中赋予角色真实感，在各类角色的责任担当中发挥自己的能力，沉浸在角色中的学习丰富了认知、提升了探究能力、学习了社会经验。

二、了解思维类型

正如成年人一样，幼儿也有自己的长处和发展领域。认识幼儿的长处，教师可以在此基础上有针对性地促进每个个体的发展。除了鼓励幼儿的优点外，教师还有责任了解每个幼儿喜欢的学习方式，了解他们的思维类型，分析他们的行为表现，兼顾不同幼儿的个体特点和需求，把握好自己介入的时机，展现幼儿的主体地位。幼儿在探索的过程中往往有以下几种思维类型。

1. 分析型

在 STEM 学习过程中，有些幼儿反应很快，能够快速找到核心知识，但是也有些幼儿反应比较慢。由于不同幼儿对教师的刺激反应有所不同，教师应该采取不同的提问和指导方法，比如在集体讨论进入下一个环节时，可以让反应快的幼儿来解释新的概念和观点。

2. 宏观型

有的幼儿宏观意识较强，还没仔细思考细节，就风风火火开始制定计划，进行研究了。这时教师的提问既要能保护他们的学习动力，还要能具有针对活动的指导和问题启发的作用。

3. 质疑型

质疑型的幼儿经常会表现出强烈的疑问和不解，常常耐不住性子，表现出强烈的探究欲望，但他们往往会带来一些新问题。对这类幼儿的提问，教师要把握好提问的时机，把问题转抛给幼儿，这会引发大家更持久、更深入的探究。

4. 换位型

有的幼儿比较独特，他们有时不从自己的角度理解和分析问题，而是会从另一个角度来理解和回答问题，这就使他们具备了不同于其他幼儿的理解和表达方式，有时他们的见解会使一些容易混淆的概念变得清晰，教师要能及时捕捉到。

5. 细节型

有的幼儿非常在意细节，对组织、排序和顺序特别敏感，在语言表达方面也比较严谨。当教师讲解一些抽象知识或者补充一些遗漏的内容时，可以邀请这类幼儿来回答。

6. 意义型

意义型的幼儿在活动中是认真投入的，他们对文本线索的解析会有自己独到的见解，在梳理相关概念时其思维是敏锐和跳跃的，他们能够想到用非常简单、聪明的方法来解决问题，他们的回答往往会让其他幼儿茅塞顿开。

三、赋予真实角色

幼儿通常会对角色扮演有浓厚的兴趣，正如几乎所有的幼儿都喜欢角色游戏一样。在STEM学习的过程中，教师赋予每位参与者真实的或者类似真实的角色，更能够激发幼儿参与探究和学习的兴趣。此外，让幼儿像“工程师”“数学家”“设计师”一样地思考和工作，是回归STEM教育本质的方法，是真实的学前STEM的体现。教师可以在STEM学习中根据幼儿的潜能和活动需求，赋予探索者真实的角色，让不同角色承担不同的任务和职责，完成学习任务。

1. 工程师

幼儿会模仿工程师开展探索和动手实践，他们会在方案设计、头脑风暴、测试改进等不同的环节中，不停地与同伴和成人进行交流、互动、改进和展示等等。

2. 演说家

幼儿能自主运用多种方式交流，他们会借助多种形式记录自己的观点，如图符、故事板、模型等，他们会结合记录做分析和梳理，然后向大家解释，进行说服和交流。

3. 记录师

为了记录探索中的发现，幼儿记录的形式是多种多样的，可以是表格、图画、符号、数字等，这些必须由他们自己记录并拥有解释的权力。幼儿能够记录自己工作的过程和对工作的理解，这表明他们将从直觉感受过渡到在有目的的记录过程中的发现和感受。

4. 发言人

每个幼儿都可以自由表达自己的看法，以交谈的方式与教师、同伴就探索的问题进行交流和讨论。交流时可以学习一些简单的术语，在交流中表达自己的感知、体验、理解和判断。

5. 观察者

幼儿能利用观察的结果进行学习，他们通过有目的的观察，关注细节、留意变化、仔细观察事物间的类似或区别，把观察的结果与原先持有的观点进行联系、对比，并思考和判断。

6. 科学家

在探究活动中，幼儿能对动植物和周边环境，或者自己的实践项目进行观察，并详细记录它们的特征和改变，如对温度、距离、时间进行测量并仔细记录数据，他们会运用证据对科学现象进行解释，也会持续关注科学现象的变化情况。与此同时，他们还可以从教师、家长、绘本、网络或其他地方获取证据，并对他们的探究进行补充。

真实的角色来自 STEM 任务，或者是活动里的角色分工和任务需要，教师要和幼儿协商讨论分工，布置和分配幼儿在活动中真实的身份或角色，使得幼儿以真实的角色参与和完成 STEM 活动，这样幼儿才会全身心地投入并持续地推进探究。

案例链接

建造一所小学

在与“我要上小学”主题活动融合的 STEM 活动中，有一个“建造一所小学”的任务，幼儿打造一所他们可以在里面体验小学生活的“学校”，教师引导他们换位思考。活动中，有的幼儿角色是“准小学生”，对教室的布局设计、学习环境和生活环境的设计与制作提要求；有的是“学校门口的保安”“各科老师”“校长”“卫生老师”等角色，分别对“学校”的环境、操场、办公室等场所提要求、提建议，并参与方案设计。

幼儿选中多功能大厅作为小学地址，从为学校取名开始，展开了 STEM 活动。在头脑风暴中，大家分组交流，分组确定方案，分组展开施工。有的幼儿作为“工程师”，他们负责对大厅的改造提出设计方案，如操场、实验室、教师办公室、教室等场所的布局，并记录改造步骤和所需要的材料。有的幼儿作为“科学家”，他们会根据场所的应用设置课程表，研究怎样在操场上画出圆弧形的转弯跑道，探究轮滑原理如何让国旗的升降更方便，探索怎样的固定方法能使旗杆稳稳地站立；有的幼儿作为“观察者”，他们进行大量信息收集，了解真实的小学是什么样的，分析小学和幼儿园有哪些不同之处，了解作为一名小学生需要做好哪些准备等等，他们把信息记下来、画出来，作为提示布置在他们创设的场所里。最后，幼儿在自己建造的小学里，扮演小学生，体验和熟悉着自己的小学生活。

由此可见，真实的任务和角色之间是紧密联系的。在任务的推动下，幼儿的真探索会产生各种问题，在解决问题的过程中，他们的角色是多变的，在这些角色体验中，幼儿的探索也会变得更加主动和有意义。

第四节　探索真实：全过程的体验经历

一、创造提问的机会

幼儿年龄小，他们的思考和行动在目的性、计划性、系统性上都处于萌芽阶段，很难处理有社会价值的或者能解决现实生活难题的问题。但是这并不妨碍他们对生活充满关注，时刻满怀着设计的创想、制作的兴趣。他们需要教师的引领和陪伴，需要在生活和学习中挖掘真实的问题，并在探索过程中需要教师提供充分的材料、不断的问题驱动、充足的时间等待、及时的引导支持等。教师精心设计和思考探究的问题，组织和提供真实的情境，会促进幼儿与现实世界、大自然的互动和探索，并帮助他们建立联系，激发幼儿的探究欲和求知欲。

解锁现象与知识之间困惑的是问题。具有探究价值的问题提出，是在基于兴趣建立、信息采集活动的前提下，逐渐思考确立的，此后出现的问题，又是基于探索过程中不断出现的现象和解决问题所需要的知识需求。很多活动无法在课堂上给予幼儿真实的体验，或者无法满足让感知觉深入体验的需求，原因是多种的，有的是因为园舍设备的限制，有的是从安全因素的考虑。但是教师可以探索和创新多种途径，比如通过演示、视频、图片等形式来引出问题并开展讨论，从而启发幼儿的思维。

教师设计的问题既要着眼于在探究活动时所能达到的解决问题的水平，又要能够通过探索的过程促使幼儿多种潜力的开发，促进他们向可能的发展水平不断提升，所以教师不仅是为了完成自己的教学任务，还要促使探索的过程不断生成问题，不断给予幼儿适当的挑战。问题的提出是基于观察到的、体验到的学习内容和现象，教师要引导幼儿聚焦问题，观察和发现探索过程中事物的变化和现象，提出问题，设想解决问题的方案，思考下一步的探索如何改变，这样的问题探索和解决过程才能应对探索或体验中的困惑，才能持续地推动探索活动深入发展。

真问题的提出，是基于观察到的、体验到的现象而生成的，应该是幼儿根据自己的感受，出自自己的疑惑或思考，是他们基于自己感兴趣的情境或体会提出来的，是他们参与后续探究的主动力，具有很强的自主性和自发性，所以能够提出探究问题是真思维的结果。教师可以鼓励和引导幼儿在 STEM 学习中通过自己的观察和体验，结合自己的思考和理解提出问题和设计解决方案，展开问题的交流和方案的完善，再带着问题去解决实践体验过程中的疑惑，或者进一步开展下一阶段的探索活动，最终在问题解决的过程中，帮助幼儿理解和构建意义，其中所获得的能力和经验将会迁移到后续的学习和生活中。

真实的问题不仅是指幼儿探索的问题要源于自然和生活，广义地说，真实的问题是基于幼儿的发展需求、兴趣和能力，是培养关键经验和核心素养的关键要素和学习方式，它包括收集问题和定义问题、设计实践的主要方法、制定计划和展开调查分析、运用数学和工具技术、建构解释和设计解决方案、辩论交流、自我反思和互相评估。为了激发幼儿参与提问的积极性，我们要尽可能创设真实的情境和活动体验过程，让幼儿在体验的过程中激发思维。教师要顺应探究走向，实施适度的介入和引导，收集和分析幼儿的行为表现，引导幼儿对所获得的信息和认知进行筛选、思考和分析，最终学会提出有价值的问题，使探索活动得以持续。

二、体验探究的过程

很多教师在教学活动中都会有意无意地认为每个学习活动一定要有一个结果，所设计的活动过程也是幼儿围绕着教师的标准答案去找到结果，展开交流，或者针对已知结果展开小实验等。我们鼓励教师通过自己的思考解决教学过程中的问题，而不是为幼儿提供答案。幼儿喜欢探究问题并提出自己的假设和解释，他们在进一步探索中可能会产生新的理解，学习就是这样一个螺旋上升、不断进阶的过程。因为每个幼儿的视角和理解不同，所以每个幼儿的发现和认识也不同，这种不同的思维碰撞是深化学习的契机，面对要解决的问题，每个人都可以有自己的方案和行动。这个过程不是为了去寻求规定答案，而是改变和创新。

教师要让幼儿在自主的氛围中展开探索，鼓励他们对环境保持敏感和好奇，尤其在幼儿迟疑或停滞时，教师应该不断地提问、鼓励和提出不同的见解，培养幼儿独立思考能力和判断能力，发展他们的探究能力。教师要做的应该是在材料提供、问题设计等情境创设方面多加思考和创新。

在STEM活动中，教师的鼓励探究还要关注以下两方面。

1. STEM学习是需要时间等待的

STEM活动的项目任务对幼儿来说，每个阶段都是挑战，所以教师应该给予充分的时间，去等待幼儿的探究。因为足够的时间可能会出现以下改变：产生更多的解决方法、付诸更多的实践、观察到更多的现象、产生更多的问题、与同伴有更多的交流、有更多的思考和反思。在实施一个项目时，充分的等待意味着允许有更多的经历和体验，体现了允许失败的态度。有耐心、能等待，这在STEM活动中非常重要的，当然，等待也需要有一定的限制。

2. 项目实施中失败的重要性

STEM活动要求运用像工程师一样的工作方式和学习方式，这是以项目为载体，以问题为线索的探究策略，层层递进，步步深入，使幼儿始终处于积极参与的状态中。教师不仅要关注幼儿"要知道什么"，更应该关注"是怎么知道的"。在这样的探索学习中，"失败"是不可避免的，最重要的是利用这种失败体验，帮助幼儿加深对事物的认识和观察，激励幼儿在寻找失败原因的过程中，动手动脑，继续完成对概念和知识的"动态建构"。在失败中寻找原因，在分析问题的过程中发展观察能力和批判性思维方式，是提升学习品质的有效方法。

案例链接

自动浇水器

在幼儿的"秘密花园"里，各班种植了不同的植物，在国庆度假计划的讨论中，幼儿认为他们的植物需要定期浇水和照顾，于是产生了"自动浇水器"的STEM活动，希望能使用这些装置来照料好植物。

首先，幼儿利用水位差原理，设计了把水引入花盆达到浇水目的"iwatering自动浇花系统"、利用输液原理的"输液浇水器"、利用水压原理的"水压浇水器"以及利用大气压在瓶身上下戳洞并把瓶身埋入泥土中的"埋土浇水法"四种浇水方式。他们分组进行了浇水器制作，在测试和使用后，发现四种浇水器存在不同的问题，浇水效果离自己的预期有很大距离，主要是水量的存储和水流的速度问题，需要进一步改进才能达到设想的效果。其次，幼儿从比较材料特点和使用效果、观察水流的速度与出水口的位置和大小的关系、对水量的存储多少最为合适等方面进行多次实验，通过小组互动探讨，调整材料，比如以布条为主要输水材料以减缓水的流速，从而开展持续小量的浇水实验。幼儿分阶段制作，在实验中不断发现和解决问题,从中学习分析问题和总结实验现象,最终提升了四种自动浇水器的使用效果。最后,长假过后,幼儿回到幼儿园最关心的事情就是浇水器的效果如何,幼儿观察和记录各种现象,对四种浇水器之间的使用效果进行比较,在比较和交流中互相学习,产生判断,同时借鉴和探讨更好的方法。

第3章

基于项目驱动

STEM被视为提高未来能力的最佳方法，因为它为学生提供了基于多学科综合知识和信息的应用和实践的机会，并使学习者成为共同创造者，而不仅仅是知识的消费者。

——亚洲开发银行

基于项目驱动，是指以生活中幼儿感兴趣的“项目”作为活动的方向，再以项目中幼儿最关心的“问题”作为线索，由浅入深地支持幼儿探究行为持续性与科学性的发展，促进幼儿自主性探究与学习。

第一节　问题驱动：关注项目的挑战性

一、STEM 教育与项目化学习相通

幼儿 STEM 教育强调个人经验基础上的主动建构，注重真实情境、问题解决、小组合作和分享评价，鼓励幼儿以连接和整体的方式进行思考和学习，促进幼儿发展高级思维和解决问题的能力。

项目化学习是一种建构主义理念下以学习者为中心的教学方式，它主张学习者通过一定时长的小组合作，解决一个真实世界中复杂的、具有挑战性的问题或任务，在解决问题、完成任务或设计项目作品中习得包括知识、可迁移技能、思维方式、价值观等在内的 21 世纪核心素养。项目化学习在理念与特征上和 STEM 教育不谋而合，是实现幼儿 STEM 教育目标、促进幼儿发展的有效方法。

项目化学习的主要特征之一是问题驱动，以驱动性问题统整和引领项目的发轫、开展和结束。驱动性问题的教学方法不像传统意义上的教学活动，即先学习知识再解决问题，而是以学习者为本，以真实的问题为项目化学习的起点，让学习者围绕问题寻求解决方法。以问题驱动为特征的项目化学习实现了传统意义教学从“知识传递”到“经验建构”的转型，从而使每一位学习者的“学习主体”地位得以凸显。幼儿在 STEM 项目中的活动主要是“学习如何学习”，并在不断展开的“尝试—修改—调整—再试”的过程中获得技能和思考能力，如问题解决能力、批判性思维能力、发散性思维能力等。

二、驱动性问题蕴藏着挑战性任务

驱动性问题是幼儿项目化学习开展的起点，是有趣的、有挑战性的问题，这是整个项目化学习的起始部分，是开启每个环节的关键点。优秀的驱动性问题可以让整个项目得以顺利地进行，可以让幼儿始终保持快乐的学习动机。学习动机是引导、推动和激发幼儿主动学习的一种内驱力，是幼儿 STEM 学习中不可缺少的部分。

驱动性问题存在于教师设计的项目活动中，主要聚焦于教学目标和教学重难点，提供给幼儿进行探究性学习以达成教学目标的大问题。这个“大问题”可以是一个或几个具有较大思考空间的关键问题，也可以是一项或几项具有挑战性的任务清单。

为确保以问题为导向的学习方式的有效性，教师应基于幼儿已有的知识，了解他们的需求；选择幼儿探索与制作的内容，要适应幼儿的实际水平，且具有一定的挑战性。教师通过引导幼儿参与问题、实例和环境，将相关的新想法联系起来，从而支持幼儿的发展。

挑战性的驱动性问题具有以下几个明显的技能与思维发展特征。

1. 激发持续探究的意愿

之前从未解决的问题，能迅速引发幼儿之间的热议或者冲突。幼儿遇到挑战性的驱动性问题，会表现出愉悦、兴奋、有话题，他们会因为这样的问题产生想要借助生活经验去尝试解决问题的意愿，他们会突破自己固有的思维模式。

2. 隐含多元的思维路径

问题本身就具有兼容性和开放性，能给幼儿的思维活动创造更广的空间，让不同思维水平的幼儿都能得到不同程度的满足和愉悦。幼儿通过探究这样的问题，能够得到多元的答案。

3. 促进幼儿的合作探究

驱动性问题在幼儿对应年龄特点的最近发展区内生成，而且具有适度的挑战，即幼儿无法立即解决，也不能用“是”或“否”回答。幼儿在解决这个问题时需要独立思考，同时也需要寻找同伴合作才能解决。

三、驱动性问题设计的若干策略

如何提出有价值的驱动性问题？波士顿儿童博物馆的《STEM萌芽教学指南》提供了一种简单的策略，即通过问“是什么”而不是“为什么”的问题来建立幼儿的自信心，并使他们像专家一样研究。因为“为什么”的问题指向一个正确答案，蕴含着事实和逻辑关系，很多时候教师和幼儿都无法给出此类题目的准确答案，如“为什么鸟类有羽毛”“为什么磁铁会粘在金属上”。“是什么”问题聚焦的是“正在发生什么”“你正在关注什么”“你正在做什么”。此类问题是教师和幼儿可以回答的问题，也应该成为教师和幼儿主要关注和研究的问题。这些问题会引导幼儿专注于研究的对象和事物，并会要求教师观察幼儿在做什么。

另一种有用的策略是运用假设性问题驱动探究，提出“如果……，你认为将会发生什么呢”的问题。假设性问题能够激发幼儿的思维，鼓励幼儿表达自己的看法和想法，会产生很多可能的答案，而不是只给出“正确”或者“唯一”的答案。假设性问题有助于培养幼儿观察和描述现象、解释他们的想法的能力，并扩大他们调查和思考的范围。一个问题可以这样问：如果我们没有门，会发生什么？或者这样问：如果幼儿园的所有门都消失了，你认为会发生什么呢？假设性问题鼓励幼儿通过推理并根据观察到的证据发散自己的思维，像科学家一样思考，也可以帮助幼儿以新的视角看待普通事物，发展创造力。

促进幼儿深度学习和思考的问题设计策略是引导幼儿设置“问题环”，即对有价值的问题进行敏锐的捕捉与价值判断，将问题有机转换成项目研究系列问题。如在幼儿园花园项目中，驱动性问题是“如何为幼儿园设计一个美丽的花园”。第一阶段的问题可能包括“花园的用途是什么”“为什么你认为人们要有花园”或“你认为人们在花园里种什么”；更具体的问题可能还会激发幼儿的思维和解决问题的能力，例如针对“你认为我们附近的任何人都有室内花园吗”一个很好的后续问题可能是“我们能在幼儿园的花园里做些什么”。这些问题可以帮助幼儿以新的方式思考花园，拓展思考的维度和深度。

在项目化学习过程中，教师通过观察幼儿的反应、倾听幼儿的回答、洞悉幼儿非预期行为背后的原因，以追问启发的方式激发幼儿在关键问题上的思考，最终引导其发现问题的核心并着手解决。

案例链接

采集春天的颜色

春天的校园里万物复苏、五彩缤纷，幼儿在散步时发现花朵凋谢以后的颜色都不太好看，觉得非常可惜。于是，教师提出了一系列问题：想不想把春天留住？怎样才能留住春天？用什么办法留住春天的颜色？……由此产生了项目活动“采集春天的颜色”。

项目进程中，幼儿在花园里找到了红花、绿叶、黄叶、红樱桃、黄柚子等不同颜色的植物，他们尝试了多种办法来提取这些植物的颜色，如用力捏、用白纸包住挤一挤，还想到用剪刀、榔头、研磨器等工具。在探索“怎样的树叶能提取到颜色”这一问题时，他们对枯树叶、绿叶、嫩树叶等做了提取绿叶汁的对比实验，不仅理解了树叶枯萎后水分会流失，还体验了各种工具的使用方法，培养了细致做实验、耐心做比较的学习品质和安全使用工具等习惯。

教师要敏锐捕捉幼儿日常活动中的兴趣点，发现蕴藏其中的 STEM 教育契机，设计由浅入深的驱动性问题，推动幼儿的项目活动持续深入进行。在“采集春天的颜色”案例中，探究的驱动性问题来源于幼儿真实的问题，教师将生活中的真实问题情境转化为探究学习环境。驱动性问题往往来自幼儿的生活，教师要带着欣赏的眼光肯定幼儿的话题，并在项目进程中不断分析、判断整个项目活动，同时通过有趣的、有挑战性的提问鼓励幼儿深度学习、鼓励幼儿持续实践，使得幼儿充分习得经验，获得新知识和新经验。我们惊喜地发现，幼儿真是天生的科学家，他们在尝试保留“春天”的颜色的同时，还发现更多的秘密，提出了很多有趣的问题：为什么大红色的茶花提取出的颜色是浅黄色的？大红色的茶花，隔了几天，怎么变色了？为什么提取的颜色放置一段时间后会分层，上面是透明的水，下面会有颜色？……

幼儿在教师的引导下产生了驱动性问题：如何让春天的颜色保留下来？并在讨论和分享中形成了驱动性问题矩阵，形成了子问题群，为项目建构了探究的路径和解决问题的视角。示例如下。

项目名称：采集春天的颜色

驱动性问题：如何让春天的颜色保留下来？

子问题矩阵：

1. 来源于幼儿：怎样保留住茶花的颜色？
2. 关注其他事物：春天里还有哪些颜色？
3. 尝试抽象观察：是不是所有的植物都可以提取出颜色？
4. 提出操作方案：使用什么工具（方法）提取颜色？
5. 合作解决问题：如何保留提取出的颜色？
6. 反思与迁移：在过程中，我们还有什么问题（发现）吗？可以怎么解决？

幼儿在驱动性问题的引导下开展持续深入的探究，是边学习边建构思考框架的过程，能调动原有认知经验并创造性地解决问题，形成新的认知。同时，还能帮他们将新经验与自己的原认知进行联系，产生更多的迁移和积累。因此，设计好有趣、有挑战的驱动性问题是项目化学习的核心，也是STEM项目活动的重点。

第二节　情境驱动：关注项目的可感性

一、项目化学习的触发来自情景

国际学生评估项目（PISA）科学素养测试注重学生对科学与现实世界的广

泛联系，将情境纳入科学素养框架，并从个人、地区/国家、全球三大视角来选择素材，如在“环境质量”下的情境有：(1) 个人视角，如友好的环境行为、设备与材料的使用和处理；(2) 地区/国家视角，如人口分布、废物处理、环境影响；(3) 全球视角，如生物多样性、生态环境可持续性、控制污染、土壤/生物物种的损耗。PISA 科学素养测试给我们的启示是：基于真实情境引出问题，引导学生运用情境中蕴含的知识和方法去解决问题，从而培养学生的社会责任感和参与社会决策的能力。这也是科学课程改革追求的重要目标。

幼儿 STEM 项目化学习应该为幼儿提供真实的生活情境，将抽象的知识同实际生活联系起来，强调幼儿通过与真实情境的互动，在解决实际情境问题的过程中获得更多学科的知识，在现实情境下解决常见并具有一定挑战性的问题。

项目化学习具有情境驱动的特征。在真实的教学情境中，教师应该帮助幼儿把握知识之间的联系，举一反三地迁移知识，辨识问题本质并灵活解决情境性问题，让幼儿在真实的生活体验中获得成长。项目化学习更强调幼儿动手、动脑参与学习过程，强调知识来源于丰富的生活。

项目化学习提供给幼儿动手做的学习体验，幼儿应用所学的科学和各类学科知识应对现实世界中的问题，创造、设计、建构、发现、优化、合作并解决问题。在学习过程中，教师更多的是创设现实的、有意义的、具有挑战性的项目情境，激发幼儿主动参与到项目化学习中，有效利用各种资源解决项目中的各种任务，最终形成一个或一系列作品。

二、项目化学习指向幼儿高阶思维培养

项目化学习具有情境性，能激发幼儿在探究过程中运用高阶思维去深度学习。高阶思维是指发生在思维活动中的具有较高认知水平层次的心智活动或认知能力，是一种以高层次认知水平为主的综合能力。

布鲁姆教育目标分类法里的认知领域目标包括知识、领会、应用、分析、综合和评价六个等级水平，其中知识、领会、应用通常被认为是低阶认知，而分析、综

合和评价则被认为是高阶思维。尽管幼儿年龄较小，但是也具有一定的认知和思维能力，具有高阶思维发展的潜能和表现，能够分析、综合和评价。美国的新一代科学教育标准提出了学习进阶的指导思想，对每一个跨学科概念在 K－12 的不同阶段都提出了不同的要求。可见，即使跨学科概念具有抽象性和复杂性的特点，对于幼儿也同样适用。

项目化学习是以项目为载体，幼儿带着挑战性的驱动问题，整合工作任务，不断地在理解中学习，优化解决问题，在成功完成项目中体会成就感，应用和培养高阶思维。

项目化学习重视真实情境中的真实体验，重在高阶思维的最终指向，而不是重在技能和方法，具有以下特征。

第一，项目化学习需要幼儿在真实情境中亲身体验。这种体验是在项目进程中带着更多的思考行动，带着目的进行试验、验证、测试、优化，既动手又动脑。

第二，在真实的世界中解决幼儿真实需求的探究过程。这样的过程多是来源于幼儿。主题的确立对于幼儿不是唯一需求，他们可以从两个主题中确立其中一个作为实践主题。在项目化学习中，幼儿不是单一地去看待问题，更多的是通过学习情境，尝试基于科学素养去解决不同类型的问题。

第三，项目化学习的探究过程依赖于真实生活。换言之，教师在探究的过程中，更多的是让幼儿成为科学家，像科学家一样去理解科学认知和现象，提供机会让幼儿去进行问卷调查、收集证据、实验分析。

案例链接

好吃的食物

让我们一起来看看幼儿园主题包中一个“做中学”科学活动样例。

在“好吃的食物”的主题下，我们的园本课程有一个关于“爆米花”的科学活动。整个活动从玉米粒引出，幼儿在过程中是通过解读爆米花的制作步骤图，了解爆米花的制作方法。过程如下。

1. 猜一猜(引发兴趣)。

2. 说一说(解读制作方法)。

3. 做一做(分组制作爆米花)。

让幼儿再次说出制作的每个步骤，按照步骤操作，并提醒幼儿注意听声音的变化。

4. 尝一尝。

“爆米花”科学活动完全符合幼儿“做中学”学习的典型教学特征，有猜测、有操作、有验证、有交流表达……它与项目活动的区别在于幼儿的高阶思维认知策略上。夏雪梅的著作《项目化学习设计——学习素养视角下的国际与本土实践》中提到，认知策略分为高阶认知和低阶认知，高阶认知包括问题解决、创见、决策、实验、调研、系统分析六种。幼儿在高阶思维过程中，有更多动脑、动手参与过程的机会。在“爆米花”项目活动开展的过程中，我们结合这样的项目设计理念进行了以下的再设计。

1. 确立研究主题，搜集相关信息。师生共同确立“爆米花”主题，搜集关于爆米花的制作方法。

2. 同伴交流信息，确立最佳配方。师生一起交流“爆米花”的制作方法，继而确立爆米花最佳配方。

3. 小组合作制作，共同寻找问题。小组建立学习共同体，给每个人分配任务，小组分工进行制作，集体交流问题和经验。

4. 共同总结问题，再次操作实验。集体回顾经验和新发现，小组再次制作，收获成功的爆米花制品，交流分享。

读到这里，也许我们大家都觉得项目活动也并没有什么特别之处，无非就是更系统一些。其实，在项目活动中，教师提出了蕴藏真实情境的驱动问题：

——如果你是美食家，制作爆米花需要哪些材料？怎么利用这些材料制作爆米花？

——除了寻找爆米花配方，我们已经讨论出了许多不一样的配方，我们一起来梳理下共同点吧？

——为什么实验没有成功呢？我们已经总结出了哪些可能导致失败的原因？

真实的情景蕴含着认知策略。一个好的项目化学习，幼儿思维发展的质量比较高，幼儿在探究过程中的体验感、成就感逐步递增。我们来分析一下“爆米花”科学活动和“爆米花”项目活动在认知策略上的差异。

表3-1　“爆米花”科学活动与“爆米花”项目活动在认知策略上的差异

“爆米花”科学活动	认知策略	“爆米花”项目活动	认知策略
猜测并确定制作爆米花	确立信息	了解各种玉米美食，确立主题	区分 分辨
解读制作爆米花的相关步骤	收集信息	① 幼儿分组讨论，共同搜集爆米花的制作方法 ② 各小组进行方法的分享，确立最终方案	猜测 搜集信息 提出证据 决策
小组成员一起讨论方法，按照步骤制作爆米花	重组信息 讨论梳理 巩固信息	① 小组合作制作，共同寻找问题 ② 小组进行结论分享，并阐述理由	提出证据 分析 实验
品尝爆米花	组织信息	小组再次进行制作，收获成功的爆米花制品，交流分享	信息调研 归类 创见

从表中可见，在“爆米花”科学活动设计中，幼儿有丰富的体验过程，但是较少使用高阶认知策略。而在“爆米花”项目活动设计中，幼儿运用了决策、实验，甚至创见等高阶认知策略。同样的一个爆米花制作活动，在一个新的学习情境下，进行推理，给出不同的证据和理由，验证观点，全面刺激幼儿在学习过程中的心智发展。

在科学活动中，教师拿出一个盲盒或者袋子，让幼儿摇一摇、摸一摸，通过猜测的方式引出爆米花，进而吸引幼儿的活动兴趣。在项目活动中，我们的主题来源于幼儿的真实场景。玉米粒来源于幼儿的种植园地，前期我们经过多次的研究讨论，利用各种各样的工具，成功分离了老玉米粒。爆米花是幼儿热衷和熟悉的玉米美食！经过举手表决，所有幼儿全票通过，决定第一道关于老玉米的美食就是爆米花。

在科学活动中，幼儿的亲身体验在于解读图符，观察制作中玉米粒的变化；而在项目活动中，幼儿不仅是动手制作的小厨师，制作的配方、分工的方法也都来源于幼儿。在动手过程中，幼儿共实验了两次。在第一次实验中，只爆出一粒玉米，不是很成功，他们不甘心。于是幼儿再一次行动，开始探索失败的原因，共同分析，动手操作，直到成功。具有情境性的STEM教育活动联系幼儿生活实际情况，有效激发幼儿的学习兴趣，激活了探索过程，促进了幼儿高阶认知的发展。

第三节　实践驱动：关注项目的系统性

一、STEM项目本身具有系统性

一般的科学活动或者动手实践活动通常是零散的、琐碎的，设计性较弱，但高质量的幼儿STEM项目化学习具有学习设计和课程设计的系统性，需要整合知识、认知策略、学习实践、个人和团队的学习成果等诸方面。幼儿STEM项目化学习是有目标、有计划、有系统的教学活动。从目标层面看，包括了显性的教育目标和隐性的教育目标。显性的教育目标是该项目活动需要达成的方向，或者说幼儿所要解决的问题。隐性的教育目标蕴含着教育观、儿童观、知识观、学习与发展观等在哲学、社会学、心理学等方面的理论取向，制约着整个项目的运作。

在STEM项目中，教学强调教育过程中幼儿的主动性，凸显幼儿的主体地位，但并不能削弱教师对幼儿的积极影响。幼儿身心发展不成熟，教师有责任和义务帮助和教育幼儿。项目化学习需要教师从幼儿在真实世界的兴趣和遇到的实际问题出发，根据课程目标，有计划、有组织地按照解决问题的不同路径，采取灵活多样的组织形式，循序渐进地向幼儿实施全面发展的项目学习活动。

美国学者罗伯特·M·卡普拉罗等将基于项目的STEM学习定义为“具有明确结果的模糊任务”。基于项目的STEM学习由一个明确定义的目标启动，通过教育教学目标，指导学生完成模糊定义的任务，包括设计、解决问题或者完成制作。“模糊任务”并非没有任务，并非缺乏设计，并非没有系统性，而是给了学习者对问题、约束和标准进行解释的自由，他们利用知识、探究和实践来形成各种各样的解决方案，所有任务都会产生已经明确定义的结果。STEM教育不能从一个极端走向另一个极端，完全忽视项目化学习的过程和逻辑，完全忽视教师的主导地位。虽然幼儿园项目化学习不以传授知识为目的，不强调系统知识的学习，但还是需要掌握生活必需的基本知识，帮助幼儿将其已获得的知识经验更加系统化。

二、以工程思维系统建构项目

工程是STEM教育的核心科目之一，与STEM中的科学、技术和数学学科存在着天然的联系。工程设计创设真实的问题情境和学习环境，提供科学解释和认识世界的概念、原理知识、探究方法，有助于工程问题的确定和做出工程设计决策；数学为工程学习提供工具基础，如数据收集方法、数据分析和处理工具等；技术与工程的关系更加紧密，工程是技术的选择和集成，技术不仅串起了工程内容的“珠子”，为工程设计提供实现手段，还可以是工程内容本身。

工程设计处于幼儿STEM教育的核心，是项目化学习的重要特征。工程是运用技术进行设计、解决问题、制作产品的过程，是基于科学的一种研究和发展，其目的是生产出特定的产品以解决问题。也就是说，工程利用科学发现并运用技术来解决问题。美国《K－12科学教育框架》中有两条科学教育标准：(1) 学习者应该学习如何习得科学知识，以及如何探索科学解释；(2) 学习者应该学习如何应用科学，特别是借助于工程设计过程进行学习。也就是说，学习者通过具体的学习和探索过程，逐步领会工程、技术和科学之间的区别与联系。

STEM 项目化学习强调通过以工程为核心的活动来解决生活中真实的、有意义的问题，这也是项目最核心的价值取向。在此过程中，工程思维发挥着积极的作用。工程思维，就是用工程师的思维，主要包括应用数学、科学和技术领域的概念来系统地解决复杂问题，是一系列策略连续运用的集合，它具有重复性、开放性、情境性、可模拟性等特点，流程如下：

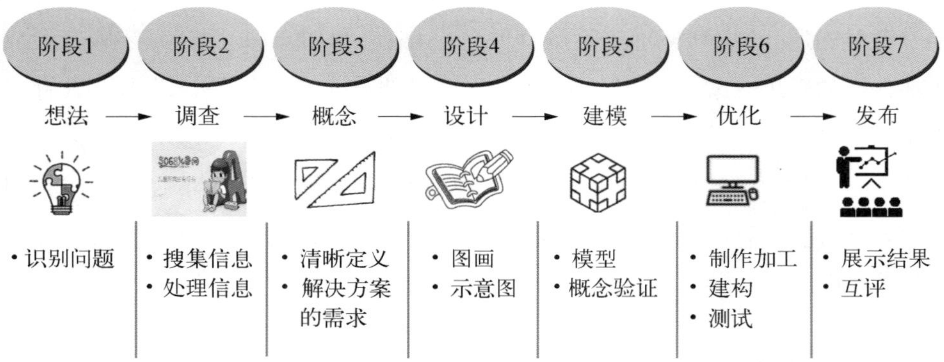

图 3－1　工程思维过程图

工程思维的过程是幼儿提出问题、解决问题、调整方案、动手实践的非线性过程，幼儿在解决现实问题、开展工程设计和制造产品的活动中，培育了实践性思维，激发了设计性思维，促成了构建性思维，达成培养批判性思维、动手能力、元认知能力等的目标。

案例链接

有趣的泡泡器

“有趣的泡泡器”是中班幼儿的 STEM 项目。原先教师要求幼儿根据流程和要求制作一个泡泡器，但是发现最终的成果大同小异，毫无创意。教师将科学活动“有趣的泡泡器”进行了再设计，围绕一系列驱动性问题推动项目的开展。

幼儿自主结对、搜集材料、完成制作、试验调整，最后根据他们的需求，尝试了“泡泡秀”表演。

在项目开始前，教师先请幼儿提出几个小问题，大家通过各种关于“泡泡器”的问题头脑风暴，获得启发，比如“泡泡器是什么样子的”“我准备做一个怎么样的泡泡器呢”“如果有一场泡泡秀表演，我会怎么表演”。接下来，教师引导幼儿寻找各种各样的泡泡器。之后是体验活动，教师带着幼儿摸一摸、玩一玩各种泡泡器，体验泡泡器的大小、光滑、色彩和用途。

体验完之后，幼儿对于各类泡泡器的功能、外形、结构进行分析。到此步为止，其实对应的就是工程思维的前两步：识别问题和搜集信息。

接下来引入对防水、吸水概念的理解和探讨。这一步对应工程师思维的第三步，通过调查研究形成概念和分析观点。幼儿在此过程中，梳理分析出观点：

(1) 制作泡泡器的材料必须是防水的；

(2) 泡泡器中间会有些空隙，有空间形成泡泡膜，吹出泡泡。

当然我们也针对调查报告做了一些相关的实验：同样是塑料，为什么泡泡器的这根塑料管可以吹出泡泡？

实验表明，原来塑料管要能吹出泡泡来，不仅是要有空隙的，而且是要粗糙不光滑的，幼儿觉得这样有利于储存泡泡液。经过对以上问题和实验的思考，幼儿有了最初级的材料概念。虽然他们还不明白其确切的意义，但是大概明白了材料的特性、材质、结构。

接着就要运用工程思维的第四步，自己尝试着去设计！有一组幼儿的“泡泡器草图”是这样的：

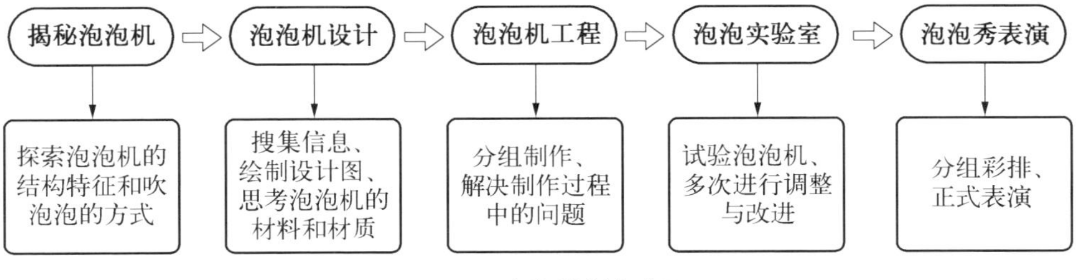

图 3-2　泡泡器制作草图

记录一共分成了三块，第一块记录了自己的名字或学号，后面两块主要记录了自己所需的材料（衣架、绳子）和制作方法。在“泡泡器草图”里面包含需要思考的问题：泡泡器用什么材料？材料分别是什么材质？遇到困难你会如何解决？……当然，幼儿在制作过程中也会遇到挑战，如怎样将衣架做成一个圆形的泡泡器？他们非常聪明，立刻想到了工具——老虎钳。

紧接着就是通过小组制作和实验，进一步完善泡泡器。幼儿运用工程师思维的第五步（建模）、第六步（优化）以及第七步（发布）来完成他们的最终作品。

幼儿在拗好衣架后进行实验，发现衣架表面很光滑，并不能锁住泡泡膜。于是他们想到用麻绳进行缠绕固定。他们进一步调整：将麻绳围绕衣架绕了一圈，使之表面变得粗糙。通过多次试验发现，麻绳可以锁住泡泡膜，能否成功吹出泡泡也和浸泡在泡泡液中的时间长短有关。

虽然小组的泡泡器并没有那么完美，但思维已经慢慢形成。通过项目研究学习，幼儿逐步对材料的特性和泡泡器的结构有了初步的认知，学会了把自己的设计通过工程思维的步骤来实现。思维的形成需要经历一个过程，后续需要不断地加强。

工程思维，本质上是一种借助思考问题来驱动的学习方式。在项目活动中，幼儿通过一些自己调查来的粗浅的认知，去交流分析、概括概念，通过动手动脑的过程去解决问题，这是非常有意义的。因此，在开展任何项目活动甚至是解决日常遇到的问题时，可以尝试从一个项目的角度去看待问题，尝试用工程思维的方法系统地去解决问题，站在一个整体而不是局部的角度去看问题，也许复杂的问题也没那么难。

第四节　主题驱动：关注项目的整合性

一、将各学科整合起来，形成主题

STEM 教育不仅仅是科学、技术、工程和数学学科教育的统称，也不是孤立学科间的简单拼盘，而是四个学科有机融合、融于一体的教育方式，是一种综合性的教育，具有跨学科、跨领域和继承性的特点。跨学科的学习是有效利用各学科的知识，以及在各学科教学中获得的知识技能，解决真实的问题。在以解决问题为主的学习历程中，不同的学科知识会被交叉运用，是一种整合式学习。从广义上讲，整合式学习是指将两种或两种以上的学科融入到项目化学习中去。从狭义上讲，整合式学习就是将两种学科或两种以上学科融合到项目中进行教学。

STEM 教育还培养跨学科的技能，也就是我们常说的软技能，如解决复杂问题的能力、批判性思维、创造力、合作能力、交流沟通能力以及表达能力等。这些能力是学习者在使用各学科知识解决问题的过程中建构的，无论是手段还是结果都具有整合的本质特点。

幼儿 STEM 跨学科整合是幼儿开展项目活动的基础。通过搜索、优化、重组学习资源，跳出学科本位的学习方式，达到了学科间相互沟通、相互联系的目的，从而将相关联的知识融合起来，使幼儿的认识和学习更全面、更系统。

项目设计中跨学科整合最核心、最重要的任务是项目整体化设计。如果没有良好的结构化项目设计，没有适宜的主题驱动，幼儿会出现学习困难、效率不高、挫折感强、学习收获不大等一系列问题。项目化学习强调将经验蕴含于情境化的真实问题中，调动幼儿积极主动地利用各学科的相关知识设计解决方案，跨越学科界限，提高解决实际问题的能力。

教师在开展项目之前，要做的是什么？教师要尽可能挖掘幼儿的潜能和兴趣，让幼儿的潜能和兴趣得以展示出来，让他们的个性得到健康、充分、自由的发展，同时还应该满足幼儿多层次的需求。学科整合使学习的过程更有趣、更有挑战性，使得探究和实践的内容更具有鲜明的主题。

片段一：

在“树”的项目化学习中，第一阶段的任务是让幼儿每日观察操场上的树。教师借助观察笔记本记录操场上的树可能发生的变化。幼儿写下或者口述他们每天观察到的东西及他们对第二天树叶的预测。此外，教师和幼儿每日给树拍照并收集树叶的标本，积累原始资料。

第二阶段的任务是在教室内建造一棵树。幼儿在教室内计划和建造他们自己的树。为了支持幼儿的学习，教师在科学区建造了一个树木发现区。教师为幼儿提供了木材的横截面、各种各样的树皮、小树苗、一篮子树叶、树的照片以及相关的儿童书籍。班级还在项目期间去当地的一个公园进行了实地考察，在那里幼儿收集、观察了各种树叶，对其进行分类，并手拉手测量了一棵大橡树的周长。

在这个片段中，幼儿运用了数、量以及数学关系等数学知识和测量等数学技能，还用了卷尺、锯子等技术工具，学着设计树木区；学习了植物变化等科学内容，还涉及艺术、语言等学科领域的知识。这些学科知识有机地融合起来，围绕“树”的主题，形成了具有生命力的项目化学习。

二、将学科与生活融合，形成主题

生活处处是学习资源。现实生活和真实情境中存在各种复杂的、非预测性的、多学科知识交叉的问题，项目化学习的内容来源于现实生活和真实情境。在项目完成的过程中，幼儿需要运用多门学科知识，单纯地依靠某一学科知识则无法完成活动任务。跨学科的项目活动是密切联系幼儿生活实际的，能够融合不同学科，达到全面渗透，知识间相互融合、相互补充的目的，还拓展了教学空间，将课堂外延至课外、家庭、社会，开发一切可利用的课程资源。

片段二：

一个冬日的早上，一个可爱的小男孩来园时，他的小手湿湿的。他一进入幼儿园就打开手心，一块黄豆大的冰呈现在老师的面前。老师一边询问小男孩冰块的来源，一边用热毛巾帮忙擦拭小手。原来小冰块是小男孩在草地上发现的，在太阳下小冰块闪闪发光，小男孩想把它带进教室给大家看。小班的幼儿怎么也没想到，拿回教室会是这样的情况啊！老师立即大大赞扬了小男孩的行为，并把这个“小秘密”告诉了其他幼儿。

就这样，小班幼儿的冰块探索之旅开始了……

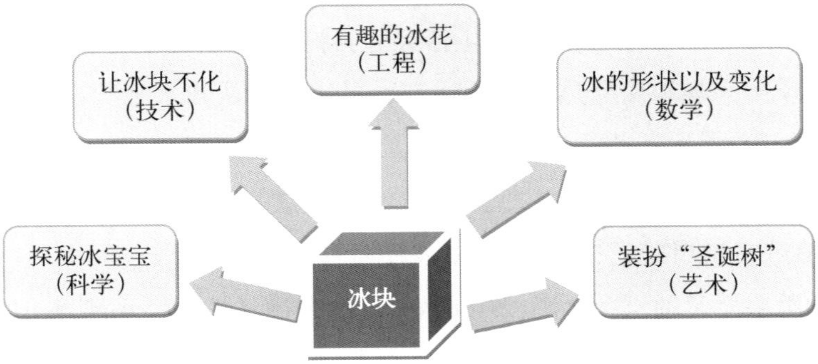

图3－3　冰块探索的STEM教育流程图

12月份是冰的天地，教师从季节的适宜性和幼儿的学习兴趣出发，带着幼儿开展了为期1个多月的探究之旅。在此过程中，幼儿不仅在科学素养上有所提高，在其他领域的关键经验上也有很大的收获。幼儿在制作冰花的整个过程中，不断地感叹：“哇！太美了！太好看了！”满地的落叶和小果子，身边常见的材料，经过组合带给了幼儿不一样的美的体验，充分体现了STEM活动的整合性。

在贴近生活的冰花项目活动中，小班幼儿能够培养合作意识，尝试调查，尝试质疑，尝试在实践中发现事物的本质和规律。通过直接参与活动，幼儿表达自己的思想，在实践中提升智慧。

三、将项目与经验整合，形成主题

有学者强调，幼儿需要现实世界的经验才能有机会为解决现实问题开发或设计解决方案。学龄前的幼儿生活经验不足是STEM教育经常会面临的问题。有时教师费尽心思设计集体活动，也许幼儿在课堂上是听明白了，但是没有实践，没有参与操作，时间一长，也就慢慢淡忘了。长此以往，被动式的学习让幼儿找不到快乐和成就感，逐渐也就磨掉了学习的兴趣和热情。教育要顺应幼儿的天性，以符合幼儿年龄特征的手段，用幼儿感兴趣的方式引导他们去发现、去探索。

儿童心理学认为，激发幼儿的生活经验，将生活经验与学习整合起来更能获得长久的学习兴趣和探究热情。教师应该以幼儿的认知水平为出发点，激活幼儿的生活经验，激发幼儿的学习愿望，并从中形成主题。幼儿在项目化学习中运用已有的经验解决问题，在解决问题的过程中生成其他问题，再去解决并形成新的经验，在不断的“体验”中获得知识，发展自身能力。

在学龄前儿童的三个年龄段中，小班是最有挑战性的。小班幼儿的认知经验浅显，合作能力正处于萌芽阶段，学习兴趣不够浓厚，教师更应该激发他们已有的生活经验，整合学习，生成项目化的主题。

片段三：

小班的幼儿非常喜爱小动物，也喜欢亲近大自然。小班教师带着幼儿来到户外的花园，一起寻找花园里的小昆虫。这些“小家伙”更加靠近他们的生活，而且对于幼儿来说也有神秘感。在现实生活中，尽管幼儿能够接触或者看到这些小昆虫，但是家长们通常会阻止幼儿进行观察或者探究。一方面，家长潜意识地认为幼儿应该去动物园观看那些“高大上”的动物，如长颈鹿、老虎、豹。另一方面，家长会认为这些小昆虫比较脏，不卫生，甚至有危险。如果幼儿实在感兴趣，家长也只是让他们看看视频，应付了事，所以当我们开启这个项目的时候，幼儿们都激动不已。在调查问卷当中，他们对于蝴蝶、蚂蚁的兴趣最为浓厚。不断有幼儿提问："我们什么时候能够寻找这些昆虫？我们可以养这些小昆虫吗？"

片段四：

在大班的音乐节中，幼儿的音乐细胞被彻底激发。有一天，球球和几个小伙伴用几根橡皮筋系在纸巾盒的两端，竟然弹出了声音，幼儿说这是他们的小乐器。教师从这个情节中获得启发，创设了一个自制乐器表演的大舞台，还告诉幼儿要举行民乐大联欢。

幼儿可高兴了，每天都在进行探究，他们围绕"用哪些材料制作弹拨盒"开展集体讨论，为后续制作活动收集材料、制定计划。当讨论到"用什么材料做琴弦"时，幼儿开展了积极发言和互动。

对于6岁年龄段的幼儿，他们大多数玩过乐器，但对于用什么材料做琴弦，是没有概念的。教师及时捕捉幼儿的生活经验，挖掘到了有价值的项目研究主题。幼儿通过共同体的学习，迁移生活经验，探究和制作乐器，学习得既投入又高效。他们通过探究发现：钓鱼线和琴弦的相似度高；制作弦的材料要牢固结实，弹拨后才能发出声音……

一般来说，幼儿通常缺乏学习经验，教师应该有效地激发幼儿的生活、学习和认识经验，可以采用直观、形象的方式。如果幼儿表现出浓厚的兴趣和高涨的积极性，那表明幼儿的图式知识已经被激发，生活经验被有机整合。幼儿会渴望参与到项目化学习之中，这有利于良好学习态度的形成，是幼儿探究的基础和前提。

第4章

注重目标导引

爱的意义不是塑造我们所爱之人的命运，而是帮助他们塑造自己的命运。

——高普尼克

注重目标导引，是指教师要了解幼儿年龄特点，分析幼儿不同的思维方式和视角，并有目的地介入到幼儿和材料的互动中，组织幼儿的学习；在适当的时机用问题引导幼儿，支持和促进幼儿的学习和发展。教师需要观察和了解幼儿在学习中的能力表现和个别差异，这些了解可以让教师在设计课程的时候考虑到不同幼儿的学习能力和特点，并有目的地提问。

第一节　互动性目标：多元兼顾的导引

一、把握幼儿认知特征

课程论告诉我们课程的构成要素主要有课程目标、课程内容、课程结构、课程评价。广义的课程是指学校为实现培养目标而选择的教育内容及其进程的总和，它包括学校教师所教授的各门学科以及有目的、有计划的教育活动。因而，课程要有目的，教学应该在目标的导引下开展。好的课程一定是有目的的，而且这个目的是层层推进的，是适合幼儿的、全面的。也就是说，幼儿园课程的目的一定能够促进幼儿的全面发展。

注重目标导引就是要尊重童趣，尊重幼儿的年龄特点和学习特点，让教师预设的目标和内容能够主动被幼儿接受，将目标有效转化为幼儿主动的活动需求，引发幼儿主动参与、尝试，开展有目的的学习。只有全面了解幼儿的身心发展规律、认知规律和学习特点，才能真正理解幼儿是如何学习的，才能有针对性和有目的地开展教学。教师不仅要把握学前教育目标、幼儿发展目标、幼儿年龄特点，还要熟悉阶段目标、教学活动目标以及与 STEM 有关的课程目标的操作性目标。同时教师还需了解自己班内幼儿的特点和思维方式等，帮助幼儿更有意识地去经历学习的过程。

1. 熟知幼儿认知发展特征

我国幼儿园儿童的基本年龄为 3—6 周岁，分为三个年龄段，即小班 3—4

岁、中班4—5岁、大班5—6岁。幼儿园的儿童均处于皮亚杰认知发展阶段的前运算阶段，思维发展依靠具体形象的客观事物。5岁左右是幼儿认知发展的萌芽期，亦是敏感期，与STEM课程相关的认知发展主要有以下几个方面：

(1) 幼儿感知觉出现系统性和概括性的特点，表现为能够有目的、有计划地观察，且比较持续，这是STEM活动中探究学习的基本要求；

(2) 幼儿思维可逆，记忆策略趋向成熟，表现为能够组织匹配信息并合理联想，这是支持科学推理和分析数据的重要能力；

(3) 元认知能力开始发展，表现为幼儿能够对"我已经做过什么，还需要做什么"进行清晰表述，即反思自己的思维并调整自己的行为，这是工程设计迭代过程中不可缺少的自我认知能力；

(4) 幼儿逐渐摆脱以自我为中心，学习材料和学习结果的归属问题对小组合作的影响逐渐减弱，有利于教师组织幼儿进行合作学习。

2. 把握STEM教育目标定位

幼儿还不具备抽象概念层面的理解，对STEM学习的理解表征可以蕴含在幼儿实践活动的显性和隐性活动中，所以STEM教育目标重在思维启蒙和思维方式的培养，即鼓励幼儿探究培养问题意识、增强实践体验与合作学习、发展创新思维和解决创造性问题的能力，弱化幼儿对STEM四个学科事实性知识的机械掌握，以游戏化的活动形式和生活化的问题情境促进幼儿对STEM知识的理解，教师基于幼儿表现判断幼儿STEM素养的发展。

对于小班和中班前期幼儿，STEM教育采用基于问题的探究式学习，以科学和数学两个学科整合为主，借助技术工具，以分类比较、图表分析等形式理解并积累STEM知识，重在培养幼儿的探究兴趣、科学态度和简单的科学方法技能。对于中班后期和大班幼儿，随着知识经验的增长和认知能力的提高，STEM教育采用基于项目的问题解决方式，在培养探究兴趣和技能方法的基础上，强调培养工程设计、动手实践和问题解决的能力。

同时，教师需要理解STEM课程领域中幼儿学习与发展的轨迹以及个体差异，这些了解让教师在设计课程的时候可以考虑到对幼儿学习能力的培养，如比较、分类和测量，这些能力在解决问题时是必须的，其他如观察、沟通、推理、假设、定义、计算、记录和控制变量能力的培养等等。教师应适时介入幼儿和材料的互动中，组织每个幼儿的学习，并在适当的时机与幼儿互动，支持和促进幼儿的学习和发展。

案例链接

打造属于自己的秘密花园

“打造属于自己的秘密花园”是大班的STEM项目。在项目讨论时，幼儿提出要保护花园里的植物就需要筑起栅栏，并希望能在栅栏下种上漂亮的牵牛花，栅栏还能起到爬藤架的作用。最后大家决定制作一个高60厘米的栅栏。教师根据这一项目，结合幼儿学习的特点制定了目标，并组织了项目实施。

STEM学习目标：幼儿会梳理制作步骤、进行高度测量及高度比较、掌握捆绑技巧、间距计算、设计、绘画，能够观察和沟通等等。

项目实施过程：

(1) 幼儿和教师一起制定制作栅栏的计划，明确要做什么，怎么做；

(2) 幼儿测量枯树枝的高度，满足60厘米高的要求，并做好标记，便于处理；

(3) 在教师的帮助下，幼儿使用工具处理树枝，使树枝符合要求；

(4) 幼儿将处理好的树枝，利用各种材料(扭扭棒、麻绳、橡皮筋等)捆绑在一起，做成栅栏的样子。

在项目实施的过程中，教师有意识地将目标渗透在幼儿各领域的学习中，帮助幼儿在自己设想的过程中完成学习。如在数学方面的探究内容主要集中在测量和比较。在活动中，幼儿通过实物学习了自然测量，还尝试运用比较的方式做判断。在技术方面的探究内容主要集中于锯子、扭扭棒、麻绳、橡皮筋等工具、材料的运用。在科学方面的探究内容主要集中在对牵牛花的认知和了解。在工程方面的探究内容主要集中在设计长短高矮适宜、间距恰当的栅栏。

第二节　差异性目标：基于个体的导引

一、了解幼儿的思维方式

思维是人脑对客观事物间接和概括的认识过程。通过这种认识，可以把握事物的一般属性和本质特征。为了解决生活实践中的各种问题，幼儿在思维活动中进行着各种心智操作，这个过程充满了思索与判断，也体现了幼儿在不同阶段的心理活动。

研究表明，幼儿的思维在每个年龄阶段呈现出不同的特点。

● 0—3岁：婴幼儿的思维是依靠感知觉和动作来完成的。他们在听、看、玩的过程中，才能进行思维。比如，婴幼儿常常边玩边想，但一旦动作停止，思维活动也就随之停止。

● 4岁：幼儿的思维从动作思维向形象思维过渡。3岁以后，幼儿的思维就可以依靠头脑中的表象和具体的事物展开联想，他们能摆脱具体行动，运用已经知道的、见过的、听过的知识思考问题。此时，动作思维仍占相当大的比例，但形象思维的比例会变得越来越高，幼儿思维活动仍必须依托具体形象展开。

● 5—6岁：幼儿的形象思维占主导地位，但已经初步出现抽象逻辑思维，思维方式从形象思维向抽象逻辑思维过渡。幼儿对事物的理解也发生各种变化，具体体现为：从理解事物个体发展到对事物关系的理解；从依靠具体形象的理解过渡到主要依靠语言来理解（例如教师用语言向幼儿描述事物，通常情况下幼儿会理解）；幼儿不只是停留在对事物表面做简单的评价，而是已经开始对事物进行比较复杂、深刻的评价。

研究普遍认为，幼儿的思维发展趋势是直观行动思维—具体形象思维—抽象逻辑思维，这三者是思维发展过程中抽象概括水平从低级向高级发展的不同表现形式。它们既相互区别,又相互联系。前者为后者的形成、发展提供基础;后者高于前者,但又不能脱离前者。教师除了了解幼儿思维发展的一般趋势外,还应具体细化班中每个幼儿作为独立个体的思维类型。

了解幼儿思维发展的一般趋势能让教师更好地理解幼儿行为产生的原因,并分析问题,找到有效的支持策略。与传统的教育活动不同的是,在STEM活动中,幼儿更多的时候是在小组中进行探究与学习,"小组"模式给予了每位幼儿更大的空间与更多的机会,让每位幼儿的思维及行为都能被大家所"看见"。因此,教师会发现,在一个个小团体中出现了各种各样的"思考者":分析型思考者、宏观型思考者、质疑型思考者、换位型思考者、细节型思考者、意义型思考者、跳跃型思考者等。教师只有熟悉每位"思考者"的思维特点,才能在教学过程中敏锐地观察和识别他们的状态,并通过有目的的提问来帮助他们更顺畅地开展自己的探究。

教师可以基于幼儿所处的思维发展阶段,设计持续性的项目式学习,观察和分析幼儿的行为,启发幼儿发现问题,思考事物间或问题间的关系;采用头脑风暴的方式讨论解决方法,清楚存在的局限和困难,决定解决方案;制定计划,实施计划,交流协商,解决问题。在这一过程中,如果幼儿在学习方面还存在一些问题,教师可以引导幼儿进行新一轮的探索,迭代推进。在推进深度学习的过程中,教师需要引导幼儿不断进行联系与建构、理解与反思、迁移与运用,从而发展问题解决能力,提升思维层次。

案例链接

盒马鲜生STEM项目中的幼儿思维

背景1:盒马鲜生的生意十分火爆,货物总是供不应求,刚上架的货物不久就会被一扫而空,经过幼儿热烈的讨论,最后一致认为,为仓库添置一辆拖车可以帮助仓库人员一次性配送很多货物,这样问题就能解决。一天,陈语小朋友从家里带来了两块泡沫板,经商量,幼儿们都认为泡沫板可以做拖车的车身。以下是根据不同思考者类型的幼儿的表现,教师做出的回应。

表4－1　拖车制作中不同思考者类型幼儿的表现及教师回应

思考者类型	语言、行为表现(幼儿)	观察、识别、回应(教师)
分析型思考者	当发现轮子、棍子和奶酪积木卡得太紧，抑制轮子的滚动时，菲儿若有所思地说："嗯，刚刚塑料棍和奶酪积木卡得太紧了，所以不能转起来，我们找一个比奶酪积木中间洞洞大一点的圆形积木就行了！" 当发现轮子乱滚，需要一个东西卡住时，菲儿联想到之前的游戏经验，可以使用红色番茄片将轮子固定在边上不乱滚。但安装后，菲儿发现轮子卡得太紧不能动了，意识到番茄片不可以靠轮子太近，需要留点空隙，这样才能让轮子有空间转动起来	分析型思考者善于发现事物之间的联系，善于总结失败的经验，制定优化方案。菲儿发现如果塑料棍和奶酪积木卡得太紧，就会导致轮子无法转动，所以想要轮子转动起来，制作者就要让积木中间孔的直径比棍子的直径大。 对于分析型思考者，教师可以鼓励他们多尝试，引导其进行对比和观察，帮助其发现自己失败的原因
宏观型思考者	当幼儿为泡沫板的大小争执不休，谁也不愿退让的时候，菲儿建议可以先做一个小的拖车，成功以后，再用这个方法做一个大的	起初，幼儿对于泡沫板大小的选择产生了争议，但是菲儿很巧妙地化解了大家的矛盾，想到了两全其美的方法，再次将成员团结在一起。菲儿能够理解不同幼儿的想法，同时又能顾及所有人的情绪。 宏观型思考者通常拥有较好的共情能力，顾全大局，会倾听所有意见，并找到两全其美的方法。对于有这种宏观性思考者的团队，教师需要多"看"、多"听"，放手让幼儿以自己的沟通方式去协调、解决出现的问题
质疑型思考者	当有人提出要用小的泡沫板制作车身时，佳琪马上反对说："不行不行，用小泡沫板做的车身太小，放不下很多货物，仓库管理员不得不多运几次。"	佳琪面对别人的意见不会盲从，而是先思考其可行性，然后再提出实施后可能出现的弊端，引发其他幼儿的再次思考。教师可以通过不断追问的方式，逐步引导质疑型思考者

续 表

思考者类型	语言、行为表现(幼儿)	观察、识别、回应(教师)
细节型思考者	幼儿找来了奶酪积木,在教师的建议下,辰辰认真地观察玩具车,一会把车子正着放,在桌上试着滚一滚,一会把车子翻过来,观察车底的构造。他恍然大悟地说:“我知道了!轮子和棍子不可以卡得太紧,否则就转不动了!”	在制作小拖车的过程中,处理轮子和轴的关系是个难点。由于生活经验不足,幼儿可能无法理解这一点。教师建议幼儿可以观察一下教室里的玩具车车底的构造。辰辰通过不停地摆弄小车,观察车底构造,发现了车轴和轮子之间的关系。 对于细节型思考者,教师可以多提供实物让其观察和探索

背景2:在第一天制作小拖车之后,幼儿想继续完善小拖车,大家决定一起制作拖车的把手。

表4-2 把手制作中不同思考者类型幼儿的表现及教师回应

思考者类型	语言、行为表现(幼儿)	观察、识别、回应(教师)
分析型思考者	当有人提出想用积木棍做把手,其他幼儿质疑积木棍太短时,菲儿起身又去“建筑工地”转了一圈,回来拿着一个黄色接头积木和塑料棍,对大家说:“用积木棍可以做把手,只要用这个黄色奶酪积木接上积木棍,一根一根接长就可以了!” 大家把番茄片穿进棍子,然后安装在泡沫板上,塑料棍把手仍然能从洞里拽出来,菲儿观察后说:“不对,番茄片应该装在泡沫板下面,这样才能防止积木棒从孔里拔出来!”	在制作把手的过程中,菲儿倾听了每个成员的发言,想到可以将积木棍和奶酪积木接头结合,这个想法十分巧妙且便于大家操作。 分析型思考者善于从别人提供的信息中选择有利信息,并做进一步思考,想出优化方案。在平时活动中,教师可以多鼓励幼儿先倾听他人的想法,再进行自我创新

续 表

思考者类型	语言、行为表现(幼儿)	观察、识别、回应(教师)
质疑型思考者	当一个幼儿提出要用铁棍做把手时，馨宁马上提出了质疑：“教室里哪有铁棍呀？而且铁的东西很重，小朋友拿不动的！” 当有人提出想用积木棍做把手时，小语又反对说：“积木棍太短，小朋友需要弯着腰才能拉拖车，不够方便！”	质疑型思考者通常通过质疑他人，排除错误观点，从而得出最佳方案。教师平时可以多培养幼儿好奇、好问的质疑意识，鼓励每个幼儿大胆发表不同观点。教师平时多给幼儿营造良好的质疑氛围，给他们提供足够的质疑时间和空间
换位型思考者	当测试时，飞飞小朋友不小心把把手拽了出来，菲儿劝阻大家不要责怪飞飞，继续观察小拖车，研究问题到底出在哪里	在测试过程中出现问题时，菲儿非但没有埋怨同伴，还理解了同伴飞飞急着测试小拖车的焦急心情，同时劝慰其他幼儿不要埋怨同伴，先静下心来寻找失败的原因。教师应引导幼儿在学习过程中学会容错，培养合作的意识与能力
细节型思考者	辰辰把把手重新穿进孔里，又往上提了提，恍然大悟说：“大家别怪飞飞了，是这个洞太大了，所以把手容易拔出来，我们要找东西卡住它！”	生活中幼儿遇到的问题是层出不穷的，由于他们的经验不足，很多幼儿只看到问题的表面，没有进行深入研究，所以教师可以鼓励幼儿静下心来多观察、多钻研

第三节　主体性目标：幼儿需求的导引

一、坚持儿童的立场

学前儿童的认知能力受到其年龄和生活经验的限制。在STEM学习开始之初，教师通常遇到的最大难题就是项目是否适合幼儿探究、如何将探究内容控制在幼儿的能力范围内。基于教学目标适切性的考虑，STEM学习应建立在尊重幼儿的学习特点和认知基础上，提升幼儿在项目中的主体地位。在项目实施的过程中，教师应该始终坚持“儿童视角”的教育立场，不断将对项目的思考与幼儿分享，在尊重他们探究兴趣及意愿的前提下，协助他们一起探索可能和不可能，让幼儿带着任务自主、自发地去探索。

激发并维持幼儿与生俱来的好奇心，并为他们提供研究和探索的机会，这样幼儿很可能会投入到他们感兴趣的项目中。无论在教室里，还是在户外，教师要仔细聆听幼儿的对话、问题和想法，这样可以深入了解幼儿想知道的概念、话题，甚至他们的“理论”。只要有了兴趣，幼儿可以在相当长的时间内深入参与到项目或研究中，获得更深入、更详细的探究。

在传统的教育中，教师的角色是知识的传授者，是知识的权威，是课堂的主宰。然而，STEM 教育则依靠学习方法的本质变革将教师从传授者转变为学习过程的引导者、组织者和支持者。

在 STEM 教育过程中，教师必须关注幼儿的学习过程，根据目标不断反思、调整教学进度和指向，使得 STEM 的学习是生成的而非预设的，是开放的而非封闭的，是动态的而非静态的。要想达成这样的教学效果，教师需要具备良好的 STEM 素养、善于发现 STEM 教育的机会、熟悉与 STEM 相关的目标、储备跨学科概念的知识；教师还要能从教学和学习的层面开展教学设计，能正确理解和践行教学中教师的角色和作用，有意识地通过环境和互动来影响幼儿的学习与发展。

二、抓住教育的契机

正如种田要抓住农时，打仗要抓住战机，教育也要抓住契机，才能收到事半功倍的效果。善于发现教育的机会，把握教育契机，就是指教师要及时发现并把握幼儿心理上的兴奋点，能通过设计将幼儿的“好奇”转化为他们能够理解的、被吸引的问题，带动幼儿走进他们能理解的具体情境，自然产生问题，并循着幼儿解决问题的逻辑，不断提供适宜的、“刺激”的挑战，有效激发幼儿主动学习，从而取得教育实效。

1. 寻找知识与情境的“无缝对接”

情境是知识转化为素养最主要的路径。STEM学习的重要特征是把学习放在真实生活情境中进行。STEM学习应该源于现实社会和幼儿在生活中发生的问题，在知识与情境中“无缝对接”，有利于幼儿的主体意识和逻辑思维意识的提升，有利于推进幼儿学习兴趣与潜能的匹配，促进幼儿各领域的发展。

在主题选择上，教师需要具备开阔的视野和丰富的知识储备，从而能够识别不同问题所包含的知识点。这对最终项目的难度调试和活动设计具有决定性作用。课程内容取向上通常为课程内容即教材、课程内容即学习活动、课程内容即学习经验三种类型。STEM学习倾向课程内容即学习经验的类型，在选择项目内容时会充分顾及幼儿的兴趣、需要和能力，会注重项目内容与幼儿发展特征的适配度，使项目内容能够通过幼儿与环境之间有意义的交互作用而被幼儿同化。

片段一：

在中班的角色游戏“泡泡茶面包店”项目中，教师从幼儿真实的生活中寻找他们最感兴趣的场景。教师发现，小区附近的85℃面包店是幼儿最有话说的场景，幼儿能将购物经历娓娓道来。此外，现代面包店里有很多事情是幼儿能够并且很想动手做的，于是面包店的游戏主题应运而生。幼儿特地为自己的面包店取名“泡泡茶”，并为它设计了专属的Logo，在教室里规划了不同的功能区，如后厨烘焙区、果汁饮料区、收银区、就餐娱乐区、面包橱柜区等。从取名、设计Logo到规划区域，再到自己创设游戏环境及材料，幼儿在进行STEM学习，也在项目中玩着属于他们自己的角色游戏，在自己感兴趣的主题中通过自己“动手”玩出了不一样的感觉。

在任务设计上，教师需要跳出传统课程设计的桎梏，协调“明确的目标”与“模糊的任务”之间的关系。“明确的目标”是教师对STEM学习的最终预期，而“模糊的任务”的产生和完成需要幼儿进行探究。教师应该将从问题的初始状态到理想的解决方法的过程留给幼儿，拒绝提前设定问题解决的步骤和方法。

片段二：

走进面包店，我们可以发现里面摆放最多的一定是各种各样的陈列架，幼儿在仔细观察85℃面包店后，发现其实陈列架是有分类的：有分层放面包的、抽拉门的陈列架，有摆放冷藏饮料的拉门冰柜，有单层开放式摆放饼干点心之类的陈列柜，有放蛋糕的冷藏柜等等。

那"泡泡茶面包店"的陈列架从何而来呢？幼儿收集了生活中的一些材料：木盒、纸盒、塑料盒等。在观察比较后，幼儿一致认为纸盒是相对来说比较容易动手操作的材料，并且各种规格齐全、便于收集。于是，货柜组的幼儿开始了打造货柜的项目。此时，教师心中已经有了明确的目标，即在动手制作的过程中帮助幼儿熟悉生活中的材料，在解决问题的过程中发展幼儿观察、比较、运用、迁移等能力；而制作什么样的货柜、怎么制作、需要解决哪些问题都是模糊任务，是幼儿在项目推进的过程中可能会遇到的难题。

在活动中幼儿就遇到了一些问题，但他们在自主探究中见招拆招，完成"模糊的任务"，在完成任务的过程中，他们的创造能力、动手能力都能得到有效提升。

在流程安排上，教师需要给幼儿预留足够的空间和自主权，并对流程进行结构化处理，即依照科学研究思维或工程设计思维，将真实情境问题的分析和解决过程进行拆分，在每一个部分中，将流程细化，确定每一个流程的活动形式和具体安排，根据幼儿的实际情况，进行课堂时间的预分配，形成项目的雏形。

片段三：

幼儿在实践的过程中会遇到种种问题，这就需要教师给他们充分探索的空间和自由。例如，在活动中幼儿就遇到了以下几个问题。

纸盒的组合：怎样组合才能使纸盒像一个陈列架或者柜子？这是幼儿遇到的第一个问题。中班幼儿首先想到的就是找几个相同大小的盒子连接起来，他们通过摆放来比较盒子的大小。在选出三个一样的盒子后遇到了第二个问题，怎么放更好？有幼儿认为三个横着连接起来就可以了，但也有幼儿马上质疑，店里的柜子是竖起来的，这样才更方便顾客选取面包。一番争论后终于有一方妥协，决定将三个纸盒竖着叠放。

纸盒的黏贴：选什么材料黏贴，透明胶还是双面胶？这个问题对中班幼儿来说又是一个难题。虽然平时经常看到教师使用这些材料，可是对于中班幼儿来说没有体验过就不理解这些材料的特性。幼儿选择了不同材料来粘贴，学着教师的样子，将胶带随意贴在了他们觉得需要的地方。但是，幼儿将双面胶像透明胶一样使用，根本起不到两面粘贴的作用，盒子与盒子很快就分开了。透明胶似乎是不错的材料，可怎么才能起到固定、粘连的作用呢？有了几次失败的经验后，幼儿们通过观察发现：选对位置很重要，黏的方式不同也会影响其牢固程度。就这样，幼儿使用透明胶越来越得心应手，彼此间的合作也慢慢开始有了默契。

货架门的设计：纸盒叠加是简单的货架组建，这已经让中班幼儿花了一番功夫，货架门的设计与制作更是一个挑战。幼儿首先选择的材料是超市的纸板，直接粘连到货架后，发现高度合适，但宽度短了三分之一，并且在制作后发现，用纸板做的门，人们无法看见货架里放的是什么。经过交流讨论，幼儿另外选了一片小的纸板粘连上去变成对开门的方式，解决了门宽度不够的问题。在制作第二个橱柜的时候，幼儿选择了透明的塑封膜作为橱柜的门，解决了看不见的问题。可是在使用过程中幼儿又立刻发现门太软，无法控制开关。纸板有硬度方便开关、塑封膜透明方便看清，怎样两者才能兼顾？当把两次做的橱柜一起呈现后，有幼儿想到了新的方法：把纸板中间挖空，黏上塑封膜作为橱柜门，方便又实用的门就做出来了。还会有什么问题呢？在做移门的过程中，幼儿发现门总是会往外倾斜。有了之前动手的经验，他们很快就想到了找张厚点的纸板条做成纸轨道，这样门在前后挡条中移动，生活中凹槽的运用出现在了幼儿的游戏中。在后续的活动中，幼儿的经验不断丰富，又做了冰柜的移门、货架的抽拉门等。

教师将实际问题作为切入点，给幼儿充分探索的空间和自由去解决自己遇到的问题，积累了更多真实“生活”的经验。

2. 关注最近发展区，搭建脚手架

维果茨基的“最近发展区”理论认为，儿童的智力发展状态至少有两种水平：现在的发展水平与可能的发展水平。在最近发展区视域下，教师将幼儿的实际能力与教学辩证地结合在一起，针对个体差异，设计学习卡，搭建脚手架，开展深度学习，让幼儿“跳一跳”就能摘“桃子”，通常经历“学习—迁移—创新”三个阶段。

在学习阶段，幼儿需面对真实问题，并尝试解决这些问题。很多幼儿无法关联跨学科知识，批判性思考的能力较弱，学习时会产生无所适从、挫败等情绪。教师要适时地为他们提供支撑、承载、联结的 STEM 素材或资料，特别是涉及的核心概念或“技术”工具，同时要处理好知识系统性与解决实际问题中所获知识的随机性之间的张力和平衡，为幼儿开展深度学习提供帮助。

在迁移阶段，教师需采用最能激发幼儿创意的课程和教具，在应用理论与技术的原理上，引导幼儿迁移到问题解决中。课堂中多采用对话式教学，用民主的商榷与探讨进行师生间智慧的碰撞，运用恰到好处的点拨和追问，启发幼儿的思维走向深处。此时，教师还需要特别关注个体差异，对不能在自我调节中输出完整结论的幼儿，教师要留一些时间让其进行反思，用问题去回应幼儿的问题，而不是直接给出示范，让幼儿“模仿”。

在创新阶段，教师要对时间安排和活动进行灵活调整，让幼儿从理论与技术出发，做出具有一定独创性的作品。教师应根据幼儿“最近发展区”，为幼儿提供自我调整及更改的机会，给幼儿进行创造与优化的时间与空间。教师在实施过程中强化解决问题的原创性，强调批判性思维、设计思维的目标指向。

片段四：

在一次“泡泡茶面包店”的项目游戏中，“服务员”向“客人”推荐了新鲜出炉的蛋糕，但是，“客人”挑选后由于手没拿稳，选中的蛋糕直接掉入下层的空柜中。看到这个突发情况，机灵的“服务员”立刻说：“这就像我们的蛋糕自动贩卖机，你选中了哪个蛋糕，它就会自己掉下来。”看似不经意的一个解释透露出了幼儿有贩卖机购物的经验，这时候教师马上抓住了幼儿的兴趣点，与全班的幼儿分享了这个小故事，他们对这个突如其来的“贩卖机”非常感兴趣。

“自动贩卖机”的制作对于幼儿和教师都是不小的挑战。大部分的幼儿对于自动贩卖机都不了解，所以我们为他们提供了一些视频、图片，帮助他们了解贩卖机的外形和功能。

接下来幼儿开始了贩卖机的制作与探索。他们先自己动手做了一个上下两层、上层带分隔的陈列架（下层的纸盒是为了增加陈列架的高度）。经过大家的讨论及小组的商定，幼儿先从能滑落的轨道开始制作。教师为幼儿提供了粗细、长短、颜色不同的轨道。幼儿选择用透明塑封片卷成的管道，并在管道一侧剪切掉一个长方形作为每层管道的入口。接着如何让东西从管道下落呢？幼儿最初的想法是在橱柜后面安排一个人把选中的蛋糕推落入管道。通过制作、测试，幼儿们解决了一些问题，如从哪里推？推的小孔怎么定位？推的时候手指不够长怎么办？选用哪种工具更合适？……制作过程中幼儿不断发现问题、解决问题，在他们的不懈努力下，第一代贩卖机终于要开始试营业了！

第四节　生成性目标：有效问题的导引

一、有效提问促进目标达成

预设与生成是STEM学习形成的方式。“预设”是教师根据项目目标、幼儿的兴趣以及已有的经验，对环境布置、材料提供、活动内容和方式等进行有计划的设计和安排。“生成”是指幼儿依据自己的兴趣、经验和需要，在与环境和他人的交互作用中自主产生的活动。“预设”与“生成”是连续过程中相辅相成的两个方面。教师要恰当处理“预设”与“生成”的关系，使各种活动真正成为师生积极互动、交流、共同建构的过程。提问是促进目标生成的重要途径。

埃尔斯·特吉斯特说：“正确的问题会导致在哪里可以找到答案：在研究的真实对象或事件中，答案就隐藏在哪里。”“正确的问题是让孩子们展示而不是说出答案：他们可以自己去确定。”他称这些问题为“富有成效的问题”。在一个项目活动中，高质量的问题常常能激发幼儿针对性的思考，促进深度学习的发生和发展。当幼儿自己使用提问技能时，他们的学习和思维能力将会更胜一筹。在学习过程中，提问、研究和评价三者是紧密相连的，而且每个阶段都离不开提问。当问题被提出时，学习之旅便随之开始，它们推动幼儿参与到有效讨论和有目的的研究中去；当幼儿理解了某个概念或者某些现象，抑或者产生困惑时，教师要引导幼儿追问，不断推动思维的深度发展。

关注问题设计的要素。第一，问题难度适中。要关注幼儿已有的认知水平与学习目标之间的距离，既不能太大，又不能太小。目标差距太大，容易使幼儿产生挫败感；目标差距太小，幼儿则会感觉学习太容易，无法取得成就感，都不利于幼儿对问题的研究和专注。第二，设计问题应该是有意义的或者是与真实生活密切相关的。只有这样，才能吸引幼儿更多的注意力，激发幼儿的学习动机并进行持续的思考，这是学习者发挥主体作用的关键。第三，问题应具有一定的复杂性。复杂性问题通常没有现成的解决方法可以参考，学习者要运用一系列的工程设计策略，如问题的确认、方案的获得、模型的建立、交流与展示等，使学习者像工程师一样思考和实践。

营造适合提问的环境。要创设一个鼓励幼儿提问的环境，需要从两方面来考虑。第一，物理学习空间。教室学习空间设置必须含有研究区域，研究区域要配备各种学习资源和工具，幼儿可以根据需要随时随地借助工具和资源开展各种研究和学习。第二，营造合作学习氛围。教师要“有效备课”，制定合适的教学目标，找出项目的重难点，关注幼儿的学习兴趣。教师和同伴的良好倾听是活跃学习氛围的关键。教师的动作、表情以及一些非语言性的提示都可以鼓励幼儿大胆表达，营造良好的氛围。

二、功能问题推动深度学习

STEM 活动实施的过程是幼儿和教师一起提出问题、解决问题的过程，教师循序渐进地推出问题，创设不断深入的支架，激起幼儿的好奇与疑问，帮助幼儿聚焦现象、深入思考，从而在 STEM 活动中发展其探究意识、想象能力、迁移能力等 STEM 素养。学前儿童主要通过直接感知、实际操作和亲身体验的方式进行学习，传统的以讲授形式灌输知识的方式显然不适于幼儿的学习，STEM 教育强调以幼儿探究为核心，以问题驱动，引导幼儿针对问题做出预测，并通过实际的调查收集信息，获得证据，最后得出结论以验证自己的预测。在此，通过完整的 STEM 案例，剖析功能性的问题如何促进幼儿的深度学习和 STEM 素养发展。

1. 以究因性问题找寻问题症结

究因性问题一般指能引发幼儿究因思考的问题，大多以“为什么……”作为问题的形式。幼儿的思维以直观形象为主，遇到问题时，往往不能清晰判断出问题的症结，这时就需要教师及时提点，帮助他们进行有效的续探。

片段五：

幼儿园里的滑梯是幼儿最喜欢、也最熟悉的游乐设施。经过小组讨论后，幼儿兴致勃勃地画下了滑梯的设计图纸，有旋转的滑道、超长的滑道、双人滑道等等。设计完图纸后，幼儿开始寻找材料，制作滑梯。

宸宸在走廊里找到了一块长长的垫子，他把垫子的一头按在桌子上，一头放在地上，形成了一个坡度。他兴奋地招呼同伴来试试他做的滑梯，在教师的保护下，佳佳迫不及待地爬上了桌子，从垫子高处滑下。佳佳一坐上垫子，就直直地掉了下来，一旁的组员试了几次也都是相同的结果。

面对这种情况，教师抛出了一个究因性问题：“为什么这个用垫子做的滑梯不能让小朋友顺利滑到地上呢？”宸宸认为是因为垫子太软了，平时大家玩的滑梯是硬硬的。佳佳提出建议：“我们可以在这个垫子下面放一些硬硬的东西撑住垫子。”琳琳接着说:“我觉得可以在垫子下面放木板,这样就能从垫子上滑下来了。”

从此案例中我们可以看出,幼儿缺乏对问题症结的分析和归纳能力,如缺乏对材料本身是否合适的质疑,以及对什么材料能做滑滑梯的判断。在教师究因性问题的提示下,幼儿对不成功的原因进行了深度思考,对制作材料的合适性进行了分析与反思,从而提出了解决问题的方法:在软垫子下放一块木板。这种比较、发现、得出结论的高级思维能力就是STEM活动的重要培养目标。虽然幼儿制作滑梯失败了,但失败也是一种学习,是一种资源。对幼儿而言,在失败中获得经验,本质上也是一种成长。

2. 以启发性问题探寻解决方案

幼儿的经验是零散的、不成体系的,很多经验在幼儿头脑中处于休眠状态,如何激活它们需想办法,而启发性问题是有效的方法之一。教师的启发式提问,能够唤醒和激活幼儿已有的经验,使得他们将已有经验迁移、应用。

启发式提问是以提问的方式启发、引导幼儿调用已有经验,主动寻求解决问题的方案,教师可以用“什么”“怎样”“哪些”等词语提问。STEM活动中,如何引导幼儿大胆设想、主动尝试,有针对、有步骤、有成效地解决问题,启发性提问起着重要的作用。

片段六:

在滑滑梯项目中,幼儿用透明胶将垫子缠在木梯子上,然后将木梯子插入洞口中,一个可以玩的滑梯初步完成了。但是在试滑的过程中,幼儿发现用梯子做的滑道会往下移,非常危险。教师询问:“梯子为什么会下移?怎样可以让它固定住?”琳琳钻进箱子里观察了一下,找到了原因并提出了她的解决策略:“因为洞口没有固定梯子的东西,梯子是可以动的。我们滑的时候因为重所以就会把滑梯往下带动。我们可以用透明胶把梯子和这个洞口粘在一起,这样梯子就不会滑下来了!”

解决了梯子下滑的问题后，新问题又出现了。幼儿在试滑过程中发现：有时候人能够顺利地从垫子上滑到地上，有时候却会从侧面摔下来。幼儿认为这是因为滑梯没有装上扶手，于是他们找来了一些地垫边条，粘在垫子两边作为扶手。

可是问题还是没有解决，这到底是怎么回事呢？教师让幼儿钻到滑道下面仔细观察，问道："为什么坐在滑梯中间滑的时候不会从侧面掉下去，坐在滑梯两边滑就容易从侧面摔下去呢？"幼儿在观察后终于发现，原来垫子比梯子宽，所以坐在两边（梯子没有支撑的地方）容易从侧面摔下去。于是他们把长垫子和梯子分开，对比后找来了与梯子一样宽的垫子。

这一环节中，幼儿发现滑梯侧翻的问题，然后通过仔细观察并运用比较的方法，很快想到给滑梯装"扶手"的办法，解决了这一问题。但在实际滑滑梯的过程中，幼儿发现"扶手"似乎并不是问题的关键所在。教师及时的启发式追问，使他们的思考在问题的症结处聚焦，最终攻克了难关。

此环节中，教师抓住了幼儿急需解决问题的契机，用一个简单的启发式问题为幼儿指出了解决问题的方向，让幼儿进行针对性思考，解决了一个又一个的问题。教师实时跟进，适时介入，针对幼儿遇到的各种问题，有针对地运用几个启发式问题，助推幼儿深入探究。"启智"在此得到了很好的诠释。

3. 以挑战性问题促使经验升级

挑战性问题是指能激发幼儿斗志，引导幼儿进入更深思索的问题。形象点说就是"跳一跳，能摘到的苹果"，一般以"你能……""你敢……"等形式来提问。挑战式问题助推幼儿活动向更高层级发展。

片段七：

改进后的滑滑梯变得更受欢迎了，幼儿们都抢着玩，于是教师再一次提出问题："你们能做出不同的滑滑梯吗？"幼儿的兴趣再一次被点燃，经过小组讨论后，他们决定制作一个更长、更宽的滑滑梯，这样可以两人一起玩。根据第一次的制作经验，这一次他们使用垫子、木板制作了一个“实心”的双人滑滑梯。

在制作第二个滑梯的过程中，幼儿提出要做一个“超刺激”的滑梯。教师询问他们：“超刺激的滑梯是怎么样的呢？”琳琳马上说道：“速度很快的滑梯就是超刺激的！”教师接着追问：“怎么样才能让我们滑的速度更快呢？”这个问题难倒了幼儿。于是教师提供了一些不同材质的轨道玩具让幼儿自由探索。扬扬玩了一会高兴地说道：“我发现镜子轨道速度最快，这个豆子的轨道比较慢。”

在幼儿发现滑梯速度与坡道材质的关系后，教师提出挑战性问题：“给你们相同材料的轨道，你们能做出速度更快的滑梯吗？”小展思考了一会说道：“我觉得滑梯越高，坡度越大，人滑下去的速度就越快。”根据小展的想法，幼儿用轨道玩具做出了两个滑道材质相同，长短相同，但坡度不同的滑梯。小展和扬扬同时将两辆相同的小车放在两个滑梯上，果然，坡度更大的滑梯使小车更快地滑到了地上。

教师不断地基于学习的深入提出适合幼儿认知的挑战性问题，通过“解决问题—出现新问题—解决新问题”的循环过程，激发幼儿不断地挑战自我，做出新的思考与调整，形成螺旋式上升的经验通道，有效地推动了 STEM 活动的深度发展。

4. 以拓展性问题延展幼儿思绪

拓展性问题是指能拓展幼儿思路、产生新想法的问题。当幼儿在活动开展过程中出现操作亮点或创新表现时，教师在肯定的同时，可铺设拓展性问题，向幼儿提出“还有什么”“还能怎么样”等问题，激活幼儿的创新思维，将幼儿由已有成功向更多、更妙的思考与操作上引导。

片段八：

完成滑滑梯的制作后，教师追问幼儿：“游乐园里还有哪些游乐设施？你们还想制作哪些游乐设施呢？”幼儿开始调查、收集资料。有的幼儿利用木板、彩虹石等材料，制作出有趣的“跷跷板”；有的幼儿将椅子与轮子相结合，做出了能够行驶的“碰碰车”；有的幼儿将纸箱船挂在天花板上，变成了“海盗船”；有的幼儿玩转“万能工匠”，搭出了能够旋转的“摩天轮”。很快，一座“游乐园”惟妙惟肖地出现在幼儿园的教室里，这里成为幼儿的欢乐天地。

拓展性问题帮助幼儿在思考的过程中发现了更多可以考虑的方向，或是关联问题的思考。如活动中教师启发幼儿思考游乐园中还有哪些游乐设施时，幼儿就开始进行由点（自己玩过的）到面（整个游乐场的设施场景）的思考，最终经过自己的实践，建构了完整的打造游乐园的经验。

第5章

在理解中学习

STEM教育是一个旅程，

一个帮助孩子在某一个领域获得有深度的科学知识理解的旅程，

在这个旅程中，

孩子会增长科学和数学的知识，

会用上工程和技术解决问题，

也会逐渐发展出科学世界观和科学家的品质。

——杨宁

在理解中学习，指幼儿 STEM 教育不是一个传授知识的过程，而是一个由教师帮助幼儿依据自身的经验建构和理解意义的过程。教师和幼儿协同确定研究的主题，并引导幼儿学习、收集有关资料，通过积极探索、体会、思考，去“发现”概念和原理，建构知识体系，培养可迁移的能力。

第一节　认识“理解”的本质

一、理解是幼儿学习的核心要素

教学，从本质上来说，可以简化为两个问题：什么是值得理解的？教师如何使学生能够理解和掌握？第一个问题是关于教学内容的选择，即教什么；第二个问题是关于教学方法的选择，即如何教以促进学生的理解。这样的认识适用于所有的教学对象，理解是幼儿学习的核心要素。

广义地看“理解”，它包含了领会、运用、分析、综合和评价的思维过程。理解是一种以运用知识来解释、阐释、分析、比较、类比和识别相关的事实，并建立事实之间相关联系的能力。换句话说，学习者将学习到的知识灵活应用，并利用已有知识和经验建构新的知识，并用建构的方式去认识和理解他们所处的现实世界。理解导向的幼儿教学不是一个传授知识的过程，而是一个由教师帮助幼儿依据自身的经验建构和理解意义的过程。教师向幼儿提出有关问题，引导其学习、收集有关资料，通过积极探索、体会、思考，去“发现”概念和原理。通过建构这个过程获得的知识更能帮助幼儿记住和迁移，幼儿对知识和经验的理解更加深刻和多元。

在具体表现上，理解是幼儿展示对重要知识认知和技能掌握的程度，体现为完成或执行任务、活动和作业的程度或者质量。促进学生理解是教师教学的主要目标。教师要深刻领会什么是幼儿学习的理解，什么是理解的表现，从而为幼儿理解提供最令人信服的证据，评估幼儿学习的程度和效果，进而进行教学和调整。良好的理解表现应该与理解目标直接相关。幼儿通过实践发展和应用理解，能够参与多种学习方式，学会多种表达形式，有机会对具有挑战性和吸引力的任务进行反思。教师掌握揭示幼儿理解、自我监控、评估幼儿理解的手段。因而，教师应该时刻思考和回答“我们该教什么？什么是值得理解的？我们该怎么教才能使得幼儿理解”等问题，促进幼儿学习真实发生。

二、理解促进幼儿STEM素养发展

建构主义是具有重要影响力的现代教育理论，该理论认为，知识是学生基于一定的情境，经由教师和学生的团队协同，借助学习的过程和通过意义建构的方式而获得的。“情境”“协作”“会话”和“意义建构”是建构主义学习环境中的四大要素或属性，其中“意义建构”是学习的最终目标，指学生对学习内容所反映的事物的性质、规律以及该事物与其他事物之间的内在联系达到较深刻的理解。

学习是知识建构的过程。学习者在一定的情境下基于自身已有的知识经验，基于一定的任务、要求和问题，质疑、探求方法、建构和协商、理解并生成意义，这是建构和理解的过程，是经验与新知识交互与实践的过程，是在学习者与环境、学习共同体产生互动中完成的，具有社会性。

STEM教育将知识蕴含在真实的问题情境中，学生利用多门学科知识积极探索，提高发现、分析和解决问题能力，真实问题的解决成为贯穿整个学习过程的主线。学生通过高投入和高热情的实践，把核心问题转化为一系列的学习任务，达到对知识的意义建构和深层次理解。

意义建构和深层次理解对于促进幼儿STEM素养起到重要的作用。STEM教育具有跨学科的特点，是一种学习、联系和应用跨学科知识的教育方式，消除了知识的割裂，将零星的生活知识变成相互联系的统一整体，为幼儿提供整体认识世界的桥梁。STEM教育注重培养幼儿的创造力、合作交流能力、问题解决能力和批判性思维等能力。理解本质上是对知识或事物关系本质的联系的迁移和应用，而素养超越了知识，是幼儿从练习和实践中获得的经验与技能，以及在全新的情境下完成某一任务的能力，是创造力、合作交流能力、问题解决能力和批判性思维等的体现。因而，意义建构和深层次理解能够有力地促进幼儿STEM素养的形成。

第二节　搭建“理解”的支架

支架自诞生之日起就在教育领域受到广泛关注，指专家或教师为学习者达成某一任务或某一水平所给予的帮助和支持。伍德(David Wood)、布鲁纳(Bruner)、罗斯(Gail Ross)在研究家长指导3—5岁幼儿使用积木搭建金字塔时，将支架定义为使儿童或新手解决问题、执行任务或实现对超出自身努力能够达成的目标的支持过程。荷兰学者范德伯尔(Van der Pol)将已有研究得出的支架方法、手段等具体内容归类总结为反馈、提示、解释、指导、示范、提问六种基本类型，有利于系统地、全面地认识和分析教师的支架方法与策略。

作为一种以学习者为视角的教学策略，支架式教学建立在两个重要的认知基础之上：一是儿童是带着先前的知识和经验进入学习状态，这些先前的知识和经验是儿童解释和掌握新内容、新方法的基础，以“图式”概念存在于儿童的大脑；二是儿童是在教师的引导下，日益发展起对各种知识和概念的完善、理解。

幼儿对周围的世界有着天生的好奇心和非凡的学习能力，具有强烈的STEM倾向，但是幼儿通常没有足够的能力独立探索STEM项目，需要教师的帮助和引导来发展、坚持自己的兴趣，进而获得高质量的STEM学习体验。脚手架策略是在STEM教学中成功实施项目化学习的关键。教师要在激活幼儿已有知识和生活经验的基础上，以适宜的教学方法在幼儿的最近发展区内给予其持续的引导和支持，利用情境、协作、会话等要素引导幼儿完成学习任务，进行意义建构。

基于支架理论，结合幼儿STEM教育的本质特征，幼儿STEM教育应该包括多元表征、培养STEM词汇、提问、教师引导、幼儿反思、工程设计等支架，促进幼儿STEM素养发展。当然，促进教学和理解的支架不仅仅局限于这些，此处是从幼儿 STEM 教育的内涵和特征出发而归纳和实践的。

一、多元表征

表征能力是幼儿表达思想、感情和学习收获等的能力，是指幼儿用自己的方式，如绘画、语言、动作来理解与表现事物，将自己的想法表达出来。开展幼儿身边适宜的主题、提高幼儿表征的兴趣、鼓励幼儿多种形式的主题表征，并迁移、拓展到生活中是展示幼儿对于 STEM 主题理解的方式，也是促进幼儿 STEM 素养发展的方法。

教师可以通过多种方式支持幼儿表达他们的想法：帮助幼儿注意到他们可以记录的与主题相关的对象或经验的形式；让幼儿能够有机会与同伴结对表达想法；提供可获得的开放式的多种媒介方式；密切观察幼儿，以确定哪些支持对哪些幼儿最有效。

注重交流的开放性表达能促进幼儿的深度理解。尽管 STEM 教育往往以实践与问题解决为线索，以作品、物品甚至表演为项目开展形式，但实质上实践并非 STEM 教育的最终目标，只是外在形式或者载体，展示和交流才是核心。绘画、讨论、表演、戏剧、阅读、图表等有助于幼儿记录、归纳、推理、想象。幼儿通过将抽象知识拟人化、可视化的方式，展示出对知识的深度理解和应用，而且通过与他人和世界互动产生的合作与表达，可以培养幼儿的思维能力和语言表达能力。

教师应该在幼儿探索某个主题或者完成某个任务后，组织幼儿积极讨论，让幼儿提出自己的观察和想法，这对幼儿来说是持续提高探索积极性的过程。提出问题，构建和批判论点，得出结论，做出推论，建立概括，证明主张、理论，设计决定，这些都是良好的 STEM 学习的自然延伸，可以帮助幼儿发展他们的沟通、表达能力。当他们用这些方式交流他们的思维时，幼儿会在 STEM 思想之间建立联系，并为自己和周围的人建构意义。这类经验还能以有意义、有力的方式促进幼儿语言和读写能力的发展。

二、培养STEM词汇

词汇是人们语言和交流的重要载体。婴儿从出生起就开始接触和学习语言，他们的接受性语言先于表达性语言。在STEM教育特定场景中，STEM词汇是STEM课堂交流和学习的主要载体，也是STEM思维和概念的具体表现。随着STEM某个主题的深入，幼儿逐渐接触和学习相关词汇，在不同的环境中听到和使用它们，不断加深幼儿对相关词汇以及相关概念的理解。

在学习方法论方面，当幼儿理解并使用诸如比较、预测、计划、研究、设计和观察之类的单词时，可以帮助他们更充分地参与STEM学习。他们观察、提出问题、研究、测量、设计、建造，像科学家和工程师一样使用和实践相同的词汇，从小获得STEM的熏陶和学习，为今后的学习和工作打下良好的基础。教师可以标记幼儿的行为，为幼儿的行为贴上标签，指出幼儿何时观察、预测、合作、讨论、设计、计划、研究、建构、解释，运用其感官，解决问题，进行交流；通过将STEM词汇整合到与幼儿的日常互动中来促进语言的发展并真正培养幼儿的STEM素养。STEM教育的专业词汇包括但并不限于以下词汇：探索、调查、预测、注意、观察、分类、测量、比较、表示、发现、交流和解释等。

在STEM知识方面，幼儿应该有足够的机会接触和学习STEM词汇，如听到和使用数学语言：更长、更短、更高、更低、更多、更少、增加、减少等；如在“花园”主题的项目里，教师可以整理相关的词汇：蠕虫、蚜虫、甲虫、发芽、种子、授粉、成熟、季节、藤、玉米、豆、南瓜、葫芦、培养、灌溉、通路、播种机、网格、黏土、沙、干旱、施肥、堆肥、石头、地膜、耙子、铁锹、软管、害虫、枯萎、蚂蚁、假山花园、屋顶花园、雨花园、菜园、花园、垂直花园、叶影、干、根、植物、球茎、块茎、豆荚、蔬菜、土壤等。教师在教学某一主题前，应挖掘相关的STEM词汇，将其融合于教学预设中。

在教学过程中，教师应该根据教学需求和学生年龄的特征引入新词汇，如在学习“门”单元时，可以引导幼儿学习与“门”相关的词汇，以准确地描述各种门及其零件。在“门”的主题下还会有子主题组，教师可以帮助幼儿发展和学习一些专门词汇，例如一个研究“车门”的小组可能要学习诸如外壳、继电器、造型之类的词。年龄较大的学龄前儿童可能会探索与“门”相关术语的不同用法，例如室内、户外、门卫、门禁、锁起来、锁在外面、看门人、登机口、下舱口等。还有些幼儿可能对门上的印刷类信息感兴趣，如房间号以及入口、退出、紧急出口、保持警惕、危险、请使用其他门之类的词汇，教师可以鼓励他们在绘图或者交流中使用这些数字和词汇，并找出使用这些信息的目的。

三、提问

提问是教师在课堂上使用频次最高的支架策略。提问的主要功能是通过问题引起幼儿积极思考，引导其逐步完成任务，促进思维向深处发展。教师可以使用不同的提问策略鼓励幼儿参与，集中幼儿注意力，支持信息流动，识别幼儿思维，帮助幼儿比较想法，并将新想法融入讨论。不同的问题类型具有不同的用途，例如提示幼儿回忆信息、产生想法、进行比较、预测结果、提供解释、分析数据、做出推断等。教师的作用是使用不同类型的问题弥合幼儿问题与他们认知水平间的差距，促进认知和探究的发展。

开放式问题是启动幼儿探究思维、鼓励科学对话的最有效的方法之一。开放式问题有很多可能的答案，能鼓励幼儿表达自己的观点和想法，而不是给出“正确”的答案。开放式问题有助于培养幼儿观察、描述和解释他们想法的能力，并扩大他们的探究范围。这些问题鼓励幼儿根据自己观察到的证据进行推理并形成想法。这些问题的开头可能是这样的：“如果……”“为什么你认为……”。

教师还可以从教学目的出发，设计不同的问题，推进幼儿的 STEM 学习。

1. 支持幼儿观察

教师提供各种材料后，幼儿可以通过观察和动手实践，从而获得多种经验。教师通过提问，要求幼儿向他人描述自己的观察结果。例如对于纸飞机主题，教师提供给幼儿各种类型的纸，并要求他们折出可以飞得最远的纸飞机。随后，教师通过提问引导以下问题的讨论：哪种纸飞机飞得最远？哪些因素导致飞机飞得最远？长距离和短距离飞行的飞机有何区别？在讨论中，教师的提问让幼儿成为更熟练的观察者并发展对科学概念的理解。

2. 发展核心问题

幼儿分享他们的观察后，教师总结这些观察并引导幼儿发展问题和思维。教师在原来的基础上搭建探究性问题，如“你是否记得飞得最远的纸飞机”“你为什么不折叠你飞机的前翼”。当幼儿回答探究性问题时，教师记录下来，引导幼儿分析和总结进一步的探索方向。正是在这样的不断迭代和调整中，幼儿持续开展思维和实践的建模，促进 STEM 体验和学习。

3. 引导幼儿预测

预测可能的答案是 STEM 中探究的重要环节。对于陀螺主题，幼儿观察到“顶部轴的长度会影响旋转时间”，教师可以引导幼儿从现象中预测，随后，幼儿或许预测“轴顶部越短的陀螺，旋转时间越长”。教师还可以让幼儿参与调查、测试，验证想法是否正确。在测试和验证的过程中，幼儿根据观点比较结果，组织、分析数据，利用科学过程技能，例如沟通、测量和分类，以具体的方式分析现象并澄清想法、发展概念。

4. 帮助总结交流

教师通过问题鼓励幼儿分享他们的发现，讨论他们的观点或展示结论。例如幼儿观察沉浮的物体时，会提出“我认为一个轻的物体会漂浮”或“我认为一个小东西会浮起来”的观点。然而，有些幼儿会说：“一颗葡萄虽小，它会下沉；西瓜很大，但它会漂浮。”经过多次试验，幼儿可能得出结论说：“如果物品有孔或物体内部有空隙，它们会漂浮。种子的内部看起来很密集，它们会下沉。西瓜和卷心菜里面有空隙，它们会漂浮。”因此，幼儿总结出物体的“密度”，而不是它的大小或重量，会影响它是下沉还是漂浮。

四、教师引导

幼儿对探索充满热情，渴望了解周围的世界，但如果没有教师的支持，他们的好奇心就不会持续，他们也不会持续研究。教师应该是幼儿 STEM 学习的引导者、回应者和支持者，具体体现为：将所有幼儿视为 STEM 学习者，为他们提供平等的机会参与丰富的 STEM 学习体验；针对幼儿实际的需要和能力，不断调整其介入的程度，和幼儿共同解决探索 STEM 活动所面临的问题；在幼儿的最近发展区内为其设置连续性的挑战，激发幼儿的好奇心、兴趣和思考，从而使幼儿获得难忘、持久的经验。

支持幼儿 STEM 学习的最好方法是通过鼓励、促进和互动激发幼儿的思考，而不仅仅是背诵或记忆事实、知识。教师应鼓励幼儿提出问题并为自己的问题找到答案，为自己的想法找到证据。通常，成年人的冲动是指出孩子的错误观念，然后急着提供正确的答案和证据。教师应通过引导，帮助幼儿解决他们先前的困惑和误解。

教师应始终支持幼儿思想、认知和兴趣的发展。首先，教师可以倾听幼儿的想法，并要求他们“寻找证据”来支持自己的理论。其次，教师应该经常为幼儿提供与他人分享观察和想法的机会，通过沟通和交流支持幼儿推理和解决问题，并帮助他们从动手探索中获得意义。

五、幼儿反思

有生命力的 STEM 课程应该是开放的、变化的、发展的，强调对学习者主体性的关注，即倾听幼儿的声音，让幼儿在学习中自我反思和自我评价。当幼儿参与 STEM 活动时，他们应该有机会检验自己的想法，有机会发展新的想法。幼儿需要反思他们的观察、学习和探索，需要时间思考已有的想法和发展新的经验。

教师应该提供机会促进幼儿思考他们的观察和经历，以及新的发现会如何改变他们以前的想法。例如如果幼儿观察到一块木头在漂浮，这是否意味着所有的木头都能浮起来？还是所有的木屋都能浮起来？幼儿的反思方式应该是多元且具有针对性的，能促进实质性的认知和思维发展。如通过回顾一个预测并将其与所发生的结果进行比较；通过回顾他们的经验和观察，得出结论或做出解释；通过观察相关的经历并与他人建立联系。在问题解决后，幼儿对某一项活动或任务的优化和完善是他们对问题解决的检视和反思，而这种检视可以进一步提升其学习的内驱力。当一个问题被解决或一个项目被完成后，如果结果还无法满足幼儿的活动需求，此时教师应引导他们对问题的解决过程作进一步的反思和优化，激发他们进一步探究和学习的兴趣，从而在 STEM 教育活动中不断提升幼儿的思维和经验水平。

教师如何帮助幼儿反思他们所学到的过程和结果？

- 让幼儿有时间思考和提问，加深他们的理解。
- 提出开放式的问题，引导幼儿描述和分享他们的观察和经验。
- 允许幼儿犯错，从自己的经验和错误中学习。
- 邀请团队伙伴“转向和交谈”，而不是一次找一个幼儿表达和展示，所有的幼儿都可以分享他们的想法和新的理解。教师耐心倾听以确定幼儿在学习和思考的内容。
- 让幼儿有机会用图表、图画或思维导图等多种形式来记录他们的思维。

六、工程设计

STEM 教育最核心的价值取向是以工程为核心，强调通过设计和实践活动来解决生活中真实的、有意义的问题。工程是综合 STEM 各领域的知识和技能，计划和制定一个合理的方案，经过多次测试和修改，不断形成新的方法和策略，使产品持续精进，达到解决问题的目的。

当 STEM 教育包含工程且关注课程整合和项目化学习时，设计就成为 STEM 教育的显著特征。在工程领域中，设计有着特定的含义。美国国家工程院（National Academy of Engineering，NAE）和国家研究委员会（National Research Council，NRC）将工程设计定义为“工程师赖以解决问题的方式——通常是为达到某一特定目的而寻找制造设备和工艺的最佳方式”。设计不同于其他简单的线性活动，它是工程赖以解决问题的方式，是一系列策略连续运用的集合，它具有重复性、开放性、情境性、可模拟性等特点。工程是系统解决问题的过程，包括识别问题、想象、创造、测试和改进解决方案，譬如幼儿设计一个在水上能够稳定漂浮的纸船，这个过程就是设计和解决问题的过程。

幼儿 STEM 设计要经历提出问题、设计方案、动手制作、修改调整、分享交流的过程。此过程关注学习者对于工程设计过程的理解，包括界定工程问题、研发合理的解决方案以及优化设计方案。幼儿在 STEM 学习活动中，像一个小小工程师一样去实践，在探究学习的过程中可能会用到上述全部策略，也可能是几种策略，每一个环节的侧重点各有不同。在这一学习方式中，幼儿思考问题和解决问题方式的核心在于不断设计、测试、调整、改进，从中自主学习，建构经验，这是一个循环往复的过程。

技术与工程对于幼儿来说具有一定的挑战性。第一，幼儿的整体思维和逻辑思维较弱，不具备系统的工程思维。在实施计划的过程中，幼儿并不能完全按照预设的计划执行。而且，幼儿的注意力和坚持力都有待进一步提升，需要教师在必要的时候给予提醒和引导。第二，不同年龄段的幼儿对“设计”的理解和执行力是不一样的。一般来说，大班幼儿能初步理解“设计”的作用和意义，知道“当我们要做一件事情时，必须先想好怎么做，设计就是做一件事情之前的计划”，并能够用图画、数字把自己的想法记录下来；中班和小班幼儿对“设计”的理解存在困难，缺乏“设计”“想象”“计划”等程序性知识，较难严格按照步骤和流程执行。第三，幼儿感性思维比较强，但将外部和现实因素联系的能力较弱，而且并不知道用正确的方法表达自己的想法。教师要把握住工程设计的特点和幼儿认知思维的特点，遵循“明确问题—寻找办法—确定方案—展示分享”的基本路径，引导幼儿设计和制作，在预设与生成间达成平衡。

片段一：花园里的微景观——喷泉

“花园里的微景观”是中班的 STEM 项目。在设计花园时，经过谈论，幼儿觉得漂亮的花园应该具有一些微景观，比如桌椅、装饰物、喷泉等，其中喷泉是花园里最具特色和亮点的景观。景观的设计与制作体现 STEM 教学理念，是以工程为核心的制作活动。

提出问题：怎样制作一个观赏用的喷泉，美化秘密花园？

设计方案：幼儿在教师的组织下开展了关于喷泉的资料收集、交流和研究。通过调查和收集信息，幼儿发现，无论古代还是现代的喷泉都利用“空气的压力”这一原理。幼儿得出认识一：在古希腊，造喷泉会在高山上建造蓄水池，然后把水冲下来，利用喷泉内部通道挤出空气，把内部的水往上顶出来，形成喷泉。基于这样的认识，幼儿决定制作小型模拟喷泉系统，并讨论其具体结构及工作原理。

幼儿还得出认识二：可以用吸管、瓶子，根据“空气的压力”来做一个简易的喷泉。幼儿再一次进行头脑风暴，讨论用什么材料？有什么方法来制作？有更好的打洞或者连接的方法吗？并在此基础上，确定了制作的步骤。

动手制作：幼儿分组根据设计图进行制作。设计喷泉时要将所需材料和步骤图详细记录下来，便于制作。

修改调整：经过测试以后，幼儿发现有的喷泉成功了，有的管子漏水了，有的盖子被冲掉了，有的水上不来……于是大家纷纷寻找原因，将问题的解决聚焦以下三方面：(1) 喷管、进气管与瓶盖和瓶身的接口处需要密闭；2. 进气管与瓶身的接口处要尽可能靠近瓶口，既避免水倒灌入进气管，也可以尽可能多地蓄水；3. 喷管插入水中的位置要尽可能贴近瓶底，这样才能把所有的蓄水从喷管中喷出。

分享交流：在修改调整后，教师在花园的喷泉景观前组织了分享交流会，幼儿按照分工和角色，介绍了喷泉制作的过程以及喷泉的寓意。

第三节　促进“理解”的探究

一、STEM探究能力是幼儿STEM的核心价值

1. 幼儿STEM探究能力

《3—6岁儿童学习与发展指南》指出，幼儿科学学习要围绕激发幼儿的探究兴趣、体验探究过程、培养初步的探究能力展开。其中，探究和解决问题是其核心价值。STEM教育鼓励幼儿综合利用自己的已有经验，发现生活中的问题，进行持续的探究，发展创造性解决问题的能力。探究是幼儿科学学习和STEM教育的共同价值追求。研究表明，基于探究的教学方法能够支持幼儿

的学习积极性和主动性，鼓励幼儿将以前的知识与新的知识联系起来，促进合作学习，保持材料研究的连续性，提高幼儿对于STEM的理解，培养其思维能力。

探究式教学法包括三种教学方法：结构化探究、开放式探究和引导式探究。在结构化探究中，教师建立探究路径和程序，并通过问题、程序和材料提供指导。幼儿的学习目标是确定不同变量之间的关系，从收集的数据中进行推断，并找到问题的解决方案。在开放式探究中，幼儿发现问题，制定解决问题的方案，并解释他们的探究结果。对于预测，教师可以激活幼儿的先验知识，鼓励幼儿利用他们的经验来预测问题的答案，使用调查、记录、观察的方法。在引导式探究中，教师向探究者提供探究相关问题所需的材料，并要求他们确定解决问题的程序。在幼儿STEM教育过程中，幼儿应发挥主体作用，而教师应在提问和指导过程中发挥主导作用，在适当的时候进行干预。幼儿STEM教育应以引导式探究式为主，教师的作用是在幼儿原有知识和理解的基础上提供富有挑战而又有趣的任务，促使幼儿探究和学习；幼儿在与材料的互动中，与教师互动和对话，延伸科学探究的范围，发展系统探究技能，激发更深入的探究。

一般说来，幼儿园阶段可侧重培养的探究能力包括：运用各种感官进行观察；根据观察对象的特征与特性进行描述、比较、分类、归类等；运用多种简单工具拓展观察；基于先前经验和问题形成预测或期望；针对生活现象或事件提问；能用已有的关于数学、科学等学科的知识或经验解决实际的问题；通过实际的行动和观察对发生的变化进行探究；开展简单的调查，如收集和解释信息；根据反复观察或实验结果形成假设，识别简单的规律、得出结论等；与同伴进行合作；通过多种表征方式表达观点和结论。从探究的思维或操作流程来看，探究学习是一个环形循环过程，这个过程与科学家的研究过程十分相似，从而实现让幼儿“像科学家一样思考和实践”的目的。

2. 教师鼓励并推进探究

支持幼儿STEM学习的最好方法是鼓励、促进和互动，教师在鼓励并推进探究时要坚持三个“允许”。

（1）允许不同答案

传统的教学观认为，课堂教学活动的结果比过程更重要，学生的活动或行为通常是围着找到教师的标准答案展开，教学方式更多的是演绎法而不是推理法，是基于已知定义或结论展开实验，这样的教学会束缚学生的创造力，消灭幼儿的好奇心。幼儿 STEM 教育中，教师应该鼓励幼儿通过自己的思考解决问题，而不是简单地提供给他们答案。幼儿提出探究的问题以及界定自己的假定和解释，代表幼儿当前的理解水平或者某个阶段的学习水平。在幼儿的进一步探索中可能会产生新的理解，学习就是这样一个螺旋上升、不断进阶的过程。每个人的视角和理解不同，发现和认识也就不同。面对要解决的问题，每个人的方案和行动可以有所不同，这是尊重幼儿主体地位、激发幼儿创造力的体现。尤其在幼儿思维迟疑或学习停滞时，教师应该适时提问和引导，鼓励幼儿不同的见解，以培养学习者独立思考的能力，发展其探究能力。

（2）允许思考时间

解决挑战性的任务是促进幼儿 STEM 素养发展的关键，要高质量地完成任务，学习和思考时间是必要的保障。在提出问题或者任务后，教师应给予幼儿充分的时间来思考，这段时间也称为“等待时间”。很多研究发现，教师容许学生准备或思考答案的时间是很有限的，常常等待不到 1 秒钟，就迫不及待地要求学生作答，或是教师急着自己作答，或是改变问题的提出方式，或是另外让他人来回答，导致提问的作用甚微。有研究者提议，等待时间至少应有 6 秒钟，对于幼儿来说，甚至建议应保证 12—15 秒的等待时间。足够的时间可能会带来以下改变：产生更多的解决方法、完成实践的概率提高、与同伴有更多的交流、反思过程的可能性增大。在实施一个项目时，等待时间意味着允许幼儿有更多的经历和体验。

（3）允许失败经历

心理学家盖耶告诫我们：“谁不考虑尝试错误，不允许学生犯错误，就将错过最富有成效的学习时刻。”这说明，学生的错误对于教学来说是一种教育资源，具有一定的教学价值，更是一种学习和成长经历。STEM 活动要求幼儿像工程师一样去实践，以项目为载体，以问题为线索探究规律，层层递进，使幼儿始终处于积极参与的状态中。教师不仅应关注“要幼儿知道什么”，更应关注幼儿“是怎么知道的”。在这样的探索学习中，“失败”是不可避免的，而这种失败体验，最难能可贵的是能加深幼儿对事物的认识和观察。幼儿在寻找失败原因的过程中，迭代调整、动手动脑，最后完成对概念和知识的“动态建构”。从失败中寻找原因，分析问题和解决问题的过程能够发展幼儿的观察能力和批判性思维方式，培养 STEM 素养。

片段二：一米花园——种子为何不发芽？

“一米花园”是幼儿大班的 STEM 项目，项目启动后，幼儿在室内的种植角和室外的小花园同时播下了种子。一段时间后，他们发现，小花园的种子发芽了，而室内种植角培养基里的种子却迟迟没有动静。幼儿纷纷问道：“教室里的种子为什么不发芽?”教师认为这个问题源自幼儿所观察到的真实世界中的现象，是一个值得探究的好问题。于是教师带着幼儿们迈出了探索的第一步：带着问题寻找线索。

在 STEM 实践中，寻找线索不是为了找到答案，而是为了激发幼儿思考与探索的天性，幼儿在寻找线索的过程中，会动用多种潜能，而教师要做的就是不断提问，让幼儿的探究聚焦在活动的核心上，着重培养幼儿思考和发现问题的能力。

首先，教师在幼儿疑惑的基础上抛出了第一个问题：“为什么室外的种子能发芽呢?”带着这个问题，幼儿决定去小花园里寻找线索。他们在“一米花园”里仔细观察已发芽的植物，发现花园里的泥土都是干的，用手一捏就碎了。有的幼儿疑惑了：干的泥土怎么可能让种子发芽呢？这时立即就有幼儿提出：“种子周围的泥土是怎么样的?”他们迫不及待地把手伸进泥土里一探究竟，在把泥土拨开后发现，已发芽的种子周围的泥土是湿润的，于是得出了第一个结论：种子发芽和水有关系。

此时，幼儿又在旁边的花盆发现了不寻常的发芽现象：原本均匀撒过菜籽的花盆，嫩芽却长得东一块西一块。于是有幼儿假设：未发芽的种子下面的泥土也干掉了。可当他们拨开未发芽区域的泥土查看时,却发现里面的泥土也是湿润的,这又是为什么呢?幼儿仔细观察未发芽的区域,发现了表面有很多已经干掉的菜籽,用手捏起来,感觉和表面的泥土一样,都是干燥的,经过讨论分析,大家又总结出了第二个结论:种子需要种在泥土里,而不是撒在表面。

对于泥土和种子的仔细观察和比较是一种带着目的进行的学习,教师鼓励幼儿有目的地猜想、发现,寻找现象背后的原因、收集证据,从而获得种子发芽的相关认知。

基于在小花园里搜集到的线索,教师鼓励幼儿展开讨论,就影响种子发芽的因素进行了分析汇总。(1) 水分。种子发芽都需要在湿润的土壤里进行,干燥的土壤中种子不会发芽。(2) 种植位置。种子需要种在泥土里面,因为表面的泥土很容易干燥。(3) 阳光。种子发芽可能需要阳光,因为阳光可以升高温度。得出基本结论后,幼儿回到室内,开始对没有发芽的种子进行比较观察。通过比较没有种过的新种子与没有发芽的种子,幼儿在室外推断出的影响种子发芽的因素和照料种子的方法得到了实际验证。在整个过程中,幼儿表现出了大胆假设、小心求证的科学探究态度,以及基于实证的分析、思考、推理能力,这一点也让教师十分惊喜。

获得了对种子发芽的知识和经验激发了幼儿进一步的探究欲望,他们进一步提出了新的想法:如果按时浇水,种在合理的土壤位置,并且保证一定的阳光照射,种子能不能顺利发芽?那些发芽发到一半的种子能不能用这个方法激活再次发芽?

于是幼儿又展开了新一轮的种子发芽实验,重新设计实验方案,投入研究观察。经过一周的悉心照料后,幼儿惊喜地发现,种子发芽了,这说明之前大家得出的"照料植物、让种子发芽"的方法得到了进一步验证。更振奋人心的是,原本那颗发芽到一半已经干瘪的种子竟然又奇迹般地"死而复生"了,只是长得比其他种子小一些。那么这颗种子是不是就长不过别的种子了呢?是不是室外那些长得更小一些的植物都是因为这个原因呢?这么多不同的泥土,哪种能让种子发芽得更快、生长得更好呢?关于"种子发芽"的研究,教师和幼儿仍在继续……

在这次"一米花园"种子发芽探究活动中,幼儿展现出了高度集中的兴趣、热爱科学的情感以及刨根问底不断探究的钻研劲头，让幼儿看到了他们不一样的想法、做法和发现，也看到了“小小科学家们”的巨大潜能。

二、将科学活动转化成 STEM 教育

当下，幼儿 STEM 教育已成为国际幼儿教育改革的重要内容，成为越来越多的幼儿园课程改革的选择。但是在现实中，很多 STEM 教育只是传统科学活动的翻版，只停留在动手操作的层面，追求概念操作，而不是真正的多学科融合、创新精神和实践能力培养的实践。幼儿园在开展 STEM 教育时要洞悉科学活动与 STEM 教育的区别，以及如何从常见的科学活动迭代成 STEM 教育。

1. 科学活动与 STEM 教育的相同之处

STEM 科学教育不是为了综合各个领域的与科学关联的知识点来进行教育，而是利用学习过程来帮助幼儿，通过设计学习过程、动手探索、合作交流、解决问题等，让幼儿运用他们的技术，做他们自己想到的、自己设计的工程。在过程中学习探索的技能，如提出问题、设计模型（方案、计划）、动手操作、调查研究、观察记录，解决问题、得出结论等，感受科学、工程、技术、数学的相互联系，从而获得知识。

STEM 教育是丰富现有科学活动的有效策略，是提高学生 STEM 素养，实现深层次学习、理解性学习的重要方式。教师只有不断探索、不断实践，在课堂中发现问题、解决问题，才能开发出更多具有科学探究、可行、有效的 STEM 课程。

表 5－1 “科学活动”与“STEM 教育”的相同之处

	科学活动	STEM 教育
相同之处	都是创造性的过程	
	计划并开展实践，研究方式上都需要用模型、推理和辩论，并以实证为基础	
	两者都与数学有密切的联系	

(1) 计划并开展实践是二者的共同形式

在科学活动中,幼儿需要明确应记录什么,如果可以,还需要明确因变量的控制;以 STEM 教育为主线的 STEM 活动中,幼儿必须确定相关变量,决定怎样测算变量,并采集分析所需的信息。因而计划并开展实践是二者的共同形式。

(2) 研究方式上都需要用到模型、推理和辩论,并以实证为基础

科学活动、STEM 教育都要用到分析推理、讨论研究和模型运用等。不同之处在于:科学活动是通过实验结果进行分析和判断,识别一系列推论的优点与不足,以及找出与自然现象的最佳解释为基础,是一种模拟科学家的探索,是学习方法;STEM 教育是以模型设计来分析现有认知体系,并寻找哪里可能存在不足,或测试新问题的可能解决方案,而推导、反思和调整是找出一个问题的最佳可能解决方案的基础,重心在解决问题上,是一种模拟工程师的学习,是工作方法。

(3) 二者都与数学有密切联系

数学作为重要的研究工具,对科学活动和 STEM 教育来说都是不可缺少的。科学活动中产生的信息必须经过分析才能呈现意义,数学及数学方法的运用是表达变量及它们之间关系的工具,能够帮助说明和表达,它们被用于多种任务,如统计分析数据、表达数量关系以及结合一系列的数学工具(包括表格、图表解析)找出数据的重要特征和模式。在 STEM 教育中,从研究和对其设计所进行的测试中获得的数据,能帮助幼儿确定在既定条件限制下哪种设计能最合理地解决问题,以及能否根据设想顺利地完成。用数学工具和方法对已经建立的事物之间的关系和现象之下的原理进行表征是整个设计的重要部分,是数学能力的应用。与在科学活动中一样,STEM 教育也需要一系列数学工具来确定主要模式并解释结果。

2. 科学活动与 STEM 教育的不同之处

STEM 教育是整合数学、科学、技术和工程领域的教育,STEM 教育与传统意义上的科学活动有着本质的区别,是对幼儿以往科学活动的深化。如果说在以往的科学活动中,幼儿主要是通过动手实践或者观察科学现象,从而获得对科

学事实、概念和既定答案的理解，那么 STEM 教育的目的在于让幼儿在探究中综合已有的关于数学、科学等学科的经验，并借助技术去解决实际的问题。此外，STEM 教育将工程和技术的概念引入幼儿已有的探究活动，强调“工程设计”的体现，重视对工具的开发和利用，以一种工程的思维去设计、制作和改进，注重同伴之间的协同合作，允许多种解决方案的出现。相比以往的科学活动，STEM 教育在活动内容、活动形式、展示方式等方面更开放、更深入、更系统、更全面。

表 5－2　“科学活动”与“STEM 教育”的不同之处

	科学活动	STEM 教育
不同之处	解释自然界的客观规律	改造世界，实现对自然界的控制和利用
	通过实验结果，推理、辩论，找出与自然现象最佳解释的基础	使用模型分析寻找缺陷、测试方案，找到一个问题的最佳解决方案
	观察收集到的数据，检验现有的理论并解释	在多个研究之间寻求平衡，提出一系列解决方案，并取最优
	模拟科学家去探究发现	像工程师一样去解决问题

（1）二者在目的、任务形式、研究方式等方面的区别

科学活动在于认识世界，解释自然界的客观规律，而 STEM 教育则是在尊重自然规律的基础上，改造世界，实现对自然界的控制和利用，解决人类社会发展过程中遇到的难题。

科学活动与 STEM 教育都尝试使用最合适的方法和工具来完成任务，它们都是创造性的过程，都可以使用不同的方法，具有重复性和系统性。在目的、任务形式、研究方式以及与数学的联系等方面，科学活动与 STEM 教育既存在一定的联系，又有所不同。

科学活动是为了解释关于某个现象的问题，例如“天空为什么是蓝色的”“为什么杯子里的热水会变凉”，学习者的主要任务在于认识和解释已有的正确

的科学概念。STEM 教育则是解决一个由困难、需要或期望所引发的问题，例如“如何用 LED 灯设计一个有用的工具”或“怎样让房屋更保暖”，学习者的任务是明确一个成功的方案应当达到的标准和面临的限制，并在理解科学概念的基础上，实现对其的利用，解决遇到的问题，相对而言需要多种材料和时间的支持。

(2) 基于二者目的和任务形式的不同，其成果也不同

科学活动的成果主要是在活动中观察和收集一些数据，并用来检验现有的理论和解释，或修正并发展新的理论和解释。而 STEM 教育的成果则是在多个研究方面之间不断发现问题并找到关联，提出一系列解决方案，并有一个最优化的方案，最终以作品或成品的形式呈现。

在不同的目的形式和任务下，目标导向结果对幼儿的评价标准会有所不同。科学活动对幼儿的评价标准包括：幼儿能够结合他们当前对科学实验方案或科学实验过程的理解，对某一现象建构逻辑上连贯的解释，并且这种解释应当与可取得的证据保持一致；幼儿能够清晰而令人信服地传达他们的发现，并能了解他人的发现；幼儿能够通过口头和书面方式，使用表格、图表和公式，与其他幼儿一起讨论，交流观点和探究的结果。

STEM 教育对幼儿的评价标准包括：幼儿的解决方案需要满足很多方面的标准，诸如预期功能、技术可行性、成本、安全性、美感以及对法律的遵守；幼儿能够清晰而令人信服地交流各自设计的优点；幼儿能够通过口头和书面方式，使用表格、图表、绘画或模型，与同伴一起讨论，表达他们的观点，让成果的解释说明更真实、更务实，更加综合、更加实际。

3. 科学活动转化为 STEM 教育的路径

(1) 借鉴 STEM 教育的视角和方法

STEM 教育的思路和实施方法大多围绕相应的科学本质，之所以和科学活动看似有很大的不同，是因为科学活动源于自然，源于某一现象的问题，如“为什么杯子里的热水会变凉”，而 STEM 教育源于工程学中需要解决的某个难题，如“怎样让房子更保暖”，两者的科学本质都是热学中能量的传递问题，是一条隐形的线索。围绕这条隐形的线索设计 STEM 活动，就可以将科学活动与 STEM

教育有效地结合在一起。再如，根据水垢与酸发生反应，酸性越强反应越快的知识，可以带领幼儿开展“如何尽可能快地去除水壶中水垢”的活动。通过调查学习工厂净化水的原理，可以让幼儿设计并制作一个简易净水器。

案例1　将实验“快速分离”转变为“制作分离器”项目

在科学活动中，大班幼儿经常会使用到生活中常见的蒸笼、洗菜篮、筛子等不同孔隙的工具来探索怎样把混在一起的物品分离开来。“快速分离”的探究活动是教师预设的，幼儿通过猜测、验证、观察、记录、交流等去发现和验证，不同大小孔隙的工具能分离出不同的物品。

把“快速分离”转变成STEM教育，首先需要有一个明确的任务：运用生活中的工具，制作一个物品分离器，尽量用更少的时间快速分离不同的物品。要解决这一问题，幼儿必须自己去想解决问题的办法，寻找适合的材料，在尝试各种方法的过程中比较积累，不断修正自己的探究过程，会运用倒计时、比较等数学知识，也会分析不同孔隙与分离速度之间的关系，还会组合使用不同大小的孔隙来达到“快速分离”的效果。

案例2　将实验“小兔的眼睛”转变为“制作舞台灯光效果”的项目

在中班幼儿科学探究课“小兔的眼睛”教学活动中，幼儿围绕“怎样让小兔的影子上出现亮眼睛”展开探究，大家猜测在纸上画眼睛、贴眼镜，通过实验发现这些方法都不行，只有在纸上剪两个小洞，小兔的影子上才能有亮眼睛。活动中幼儿通过猜测、实验和分享，对光能穿过空隙这一概念有了初步的感知。

在“制作舞台灯光效果”的STEM活动中，我们可以将光、影、物三者都整合其中，幼儿在完成任务的过程中会不断产生问题，如怎样让影子变大变小？会出现彩色的影子吗？他们会不断地思考、计划、调整和评估，在这样的过程中，幼儿除了获得关于光影的相关概念外，肯定还能获得更多能力的发展。

(2) 发现身边的STEM教育，综合STEM多种视角

激发幼儿的好奇心和学习积极性是STEM教育的前提，STEM教育的设计也要具有开放性和自主性，从而激发幼儿的探究兴趣。教师需要善于利用身边任何常见的事物开展STEM教育，通过解决问题将科学、技术、工程和数学结合

起来。

通过科学本质这条隐形的线索，科学活动可以很容易地转变为STEM教育。如“做弹球”和“巨型肥皂泡”活动，如果只是让幼儿做出一个弹球或配置泡泡液吹出泡泡，仅仅涉及了科学与技术。但要求幼儿思考方法，如调整弹球配方或泡泡液配方，使弹球弹得更高或吹出更大的泡泡，就融入了工程，转变为一项STEM教育，不仅使活动得以深入，也起到了促进STEM素养发展的作用。

类似的可以转变为STEM活动的科学探究活动还有很多，如“温度怎样影响球的弹跳”可以转变为“如何使球弹得更高”，“水温怎样影响泡腾片小火箭的飞行高度”可以转变为“怎样使泡腾片小火箭飞得更高”。还有其他形式的科学活动也可以进行转变，如调查类活动“教室外的噪音调查”可以转变为“如何降低教室内的噪音”，交流与辩论类活动“蒸馏法淡化海水的可能性”可以转变为“如何快速淡化盐水”。将STEM教育理解为一种“学习方式”，以工程（设计与制作）活动为主线，整合（或融合）科学的学科经验，运用技术工具（或积累的技术经验）以及数学工具，解决生活、游戏或学习中的问题。

案例3 中班制作陀螺活动——对称和平衡、轴的位置

制作活动是幼儿园科学教育实施的主要途径之一。教师会提供各种制作陀螺的材料，也包括一些半成品。此类活动更多的是幼儿利用现有的材料，根据操作步骤提示来制作一个陀螺，其中可能探究的内容包括陀螺旋转时花纹的变化、如何装饰陀螺等等。现在我们转换视角，把制作活动变成一个幼儿自主探索的项目。

把制作陀螺转变成STEM教育，幼儿围绕怎样制作一个能旋转的陀螺展开项目研究。幼儿会先通过信息收集了解陀螺的种类、材质、特性等，从而根据自己的经验，设计制作的过程，选择自己需要的材料。在制作过程中，幼儿会讨论陀螺的轴为什么要插在中间，比较不同形状的陀螺哪个更容易旋转，陀螺旋转时不同花纹产生的视觉效果是怎样的……

案例4 大班制作走马灯——拼搭、工具使用等

大班制作活动“走马灯”也是以设计制作为主线，使用生活中常见的工具和

材料进行制作。幼儿在“提出问题—头脑风暴—创意设计—动手制作—分享改进”的过程中，探索光与影的关系，体验轮轴转动的原理，发现剪纸花样与投影变化的联系……幼儿需要不断优化制作方案，解决探究中遇到的各个问题，才能成功完成一个走马灯的制作。

与传统的制作活动相比较，STEM 教育理念下的制作活动，更能激发幼儿主动探索并寻求方法的能动性，他们在探究中不仅有学科内容的整合，更多的是在完成不同任务和解决问题的过程中，经历“设计—实践—反思—改进”这样循环往复的学习和思考的过程，最终获得能力和思维的发展。

案例5　中班调制泡泡水——什么原料才能调制成泡泡水，原料和水之间的比例关系

吹泡泡是幼儿很喜欢的一项活动，在游戏中他们会探究到只要有孔的工具或材料就能吹出泡泡，还知道无论什么形状的工具吹出的泡泡都是圆形的，泡泡在阳光的照射下是五颜六色的……怎样调制泡泡水呢？调制的泡泡水能不能吹出更大的泡泡呢？作为 STEM 活动，幼儿需要设计不同的方法。如选择洗洁精、沐浴露、洗发水等生活中经常用到的原料；寻找不同大小的容器，用来配比泡泡水……在这样的制作过程中，幼儿不仅能充分体验不同原料是否能成功吹出大泡泡，还能在无数次尝试中找到最合适的原料，也能通过实践结果的记录比较，发现原料和水之间的比例关系；能运用积累的数学经验，去发现原料的多少与加水量之间的正比关系。

(3) 把握好科学概念和跨学科概念的关系

整合是幼儿 STEM 教育的重要特点，而跨学科概念教学和实践是整合的重要途径。学前核心科学概念应具有基础性、浅显性的特征，多是描述科学事物和现象“是什么”的问题，如磁铁能吸引一些物体，不同的磁铁有不同的磁力，磁铁能隔着一些材料吸引物体等。概念性的表述还表现为“结构—功能”的关系特征，如知道植物由不同的部分组成，发现这些部分在植物的生长过程中发挥不同的功能。在《3—6 岁儿童学习与发展指南》中有类似的表述，如科学领域“科学探究”子领域目标 3“在探究中认识周围事物和现象”中提到 5—6 岁儿童典型表

现为：① 能察觉到动植物的外形特征、习性与生存环境的适应关系；② 能发现常见物体的结构与功能之间的关系等。

教师应该借鉴逆向设计逻辑框架将习惯的活动设计思路进行“翻转”，强调教师在设计 STEM 活动前，抓住核心问题并挖掘其学科核心概念和跨学科概念，基于大概念的设计才能将 STEM 知识和能力表征在一个有机的问题系统中。教师设计的视角应该从 STEM 教育的角度出发，更容易达成科学、工程与技术的共同发展以及跨学科概念的体现，从而打破学科界限和内容限制。如“制作一朵花”的活动，属于生命科学领域，但如果将其改为“制作一朵能自动打开的花”，就融入了物质领域中的“力与运动”，增加了工程设计的比重。

（4）把握活动开展的时间周期

STEM 教育不同于传统的单一科学实践活动，涉及系统化流程，通常是一个长周期的活动，持续时间较长。教师要按照工程设计的流程、探究的本质来设计 STEM 教学。教师可以将一个 STEM 活动拆分为几个课时来开展，如用三节课的时间分别来寻找解决方案和展开讨论、开展实验和进行调整、展示与交流等。还有一种方法是给幼儿一周或几周的时间思考方案或完成实验，最后在课堂中开展实验或交流。

一个科学活动转变为 STEM 教育后，涉及的广度更大，如“温度怎样影响球的弹跳”转变为 STEM 教育“如何使球弹得更高”之后，除了温度之外，增加了很多可考虑的因素，如地面的软硬程度、球的充气量、拍打的力度等。如果给幼儿的限制条件太多，甚至直接要求幼儿探究温度，将大大减少对幼儿 STEM 素养的应用和探究过程的体验，最终会流于形式而效果不佳。如果在一节课的时间内展开多因素的探究，在教学时间上是不允许的，也无法达到预期的效果。

第6章

记录是为了发现

我们不知道未来孩子们会遇到什么样的问题，

但是通过这些体验，

他们所获得的知识、技能和性格，

将会帮助他们在未来成为有能力及有自信的问题解决者。

——海洛曼

记录是为了发现。语言是思维的外显，记录也是思维的外显，记录能够帮助幼儿梳理和表达认知和思维。通过记录，教师不仅可以看到幼儿 STEM 活动中倾向性和预测性的行为，还能够记下探索和思维的过程、结果。教师可以指导幼儿利用记录，发现支持自己观点的依据，学习客观描述，以便他人更容易理解和接受自己的观点。

第一节　主体性记录：促进探究能力发展

一、建构幼儿的表征系统

《3—6 岁儿童学习与发展指南》中提到“科学领域”的三个培养目标：目标一，亲近自然，喜欢探究；目标二，具有初步的探究能力；目标三，在探究中认识周围的事物和现象。三个目标围绕“探究能力”展开，幼儿探究能力的表现之一是“记录与表征”，用图画、数字、图表或其他符号记录探究过程中的收获。记录不仅可以唤起幼儿在项目探究之前的记忆和激活先前的经验，也可以帮助幼儿发现观察视角、培养任务意识、提升探究能力，并通过记录的内容进行分析、分类、整理和归纳，发展猜测能力和思考能力，学会有效操作、探索和学习。《3—6 岁儿童学习与发展指南》也明确指出：鼓励幼儿用绘画、照相、做标本等办法记录观察和探究的过程与结果，注意要让记录有意义，通过记录帮助幼儿丰富观察经验，建立事物之间的联系和分享发现。《指南》强调了记录在发展幼儿探究能力中的方法、内容和作用。

澳大利亚新南威尔士州教育部的幼儿 STEM 指导意见《STEM：为了学习的项目》提到幼儿项目化学习的目标：幼儿能够创建和使用各种方式组织、记录和交流科学、数学思想和概念，以及工程和技术的各个方面；教师应该鼓励幼儿记录他们的想法。在 STEM 学习中，幼儿的重要角色之一是积极的观察者和探究者，建构属于自己独特的表征系统。

表征或者表征系统，是人们知觉意识和认识世界、表达看法的一套特有规则。瑞吉欧教育体系中提出“幼儿的一百种语言”的观点，指的是幼儿在思维能力和语言能力尚未成熟的阶段，他们用特有的方式来记忆和表达自己的思想和认知。幼儿的逻辑思维和抽象思维尚未完全发育，因此，他们对于事物的了解一般是直接参与到活动过程中，通过自身的直接参与对事物进行感知、思索和探究。

表征与沟通是STEM学习的核心。科学、技术、工程和数学教育须以讨论、可视化的方式，或以其他表现形式（如绘画、写作、图表）为方式，促进学习，从而使重要的知识和概念得到理解和深化。在STEM项目化学习活动中，幼儿应利用图画、表格、文字等符号来记录他们观察的结果以及探究和实践过程。幼儿的记录是将零散的知识系统化，将抽象感受具体化，通过绘画、书写等形式将自己的所知所感、所学所想表达出来的过程。幼儿的记录也是参与科学教育活动、发现问题、探究规律的重要手段，记录的过程也是思维加工的过程。

《3—6岁儿童学习与发展指南》颁布以来，幼儿教育实践正在发生深刻变化，“以儿童为中心”的教育观念进一步得到确立，教师应该尊重幼儿的主体地位，鼓励和尊重幼儿记录，鼓励幼儿用多样化的记录方式参与活动，有助于发展幼儿思维能力和表征能力，培养他们严谨认真的探索态度。

二、揭示幼儿的探究过程

记录是发现幼儿学习过程的重要支架。在项目的每个阶段，幼儿可以通过多种方式表达他们对某个主题和内容的想法、理解，并且随着项目的推进，不断促进探究的深入。

当STEM项目启动时，记录的重点是幼儿知道关于他们将要学习的主题的知识、信息。幼儿可以用绘画、图表、符号、图片，讲述与该主题相关的经验和想法，帮助标记和显示他们的学习证据。教师也可以了解幼儿有关记录的原有经验，和幼儿共同讨论、设计记录的内容和方式，有目的地引导幼儿进行记录。譬如，花园是幼儿园STEM教育常见的主题，教师可以先安排幼儿带来家里小花园或者绿化角的照片，或者让幼儿先画画，然后一起谈论他们的花园照片、图画，这会激起个人相关经历的回忆，为 STEM 学习提供铺垫。鼓励记忆共享还可以帮助那些记忆缓慢的幼儿以及表达能力较弱的幼儿发展他们的记忆和语言能力。从教师的视角，幼儿的交流和分享可以使教师了解幼儿所经历的各种体验、可能持有的误解以及可能感兴趣的话题。

探究过程包括发现问题、猜想、设计实验、记录、分析和总结梳理。随着研究推进，幼儿可以用多种方式记录他们的发现。教师帮助幼儿思考如何更好地表达想法、学习各种表达方式，以便他人可以了解自己的学习过程和发现的内容。譬如，通过制作图形、图表和表格，向幼儿展示如何描绘他们所计算、测量和比较的内容；根据研究的节点制作不同阶段的、具有连续性或者连贯性的图形，揭示研究和变化的过程，记录具体的变化。

在项目的一个阶段结束后，让幼儿选择、组织、标记和呈现他们的照片、图画和表格等记录，以展示他们的研究成果。幼儿喜欢手工制作，教师可以提供黏土、木头、金属丝、织物和各种盒子等物品，鼓励幼儿制作、记录和展示他们的发现，表达他们的想法和发现，帮助幼儿探索他们所学的主题。例如可以通过哪些方式将零件固定在一起？什么方法会使厚纸板切开变得更容易？立体化的形式还包括让幼儿使用乐器来重现他们需要表达的声音，通过戏剧、木偶剧、视频、幻灯片等多媒介讲述学习发现。

项目最后阶段是评议和展示阶段。教师要帮助幼儿决定他们的探索过程中哪些方面最具有吸引力，以及采取何种最佳的形式展示他们的作品。教师可以组织幼儿向同学介绍和展示自己的作业、作品，并邀请同学进行评议或者提出建议。教师还可以将与项目相关的各种记录或作品陈列在幼儿园的走廊、教室或者大厅里，以便幼儿参观。

教师可以建立 STEM 项目成长档案袋，收集和保存不同阶段幼儿的学习记录和过程，这些过程显示了幼儿在项目中的经历以及他们不断增强的探究和学习能力。

三、把握记录的幼儿视角

“幼儿的视角”意味着教师要“了解”并“理解”幼儿，也就是说，不仅要有发展心理学家的眼光，还要有一种对幼儿的移情式理解，以达到与他们共享意义世界、理解彼此的目的。幼儿观察世界的视角是多种多样的，幼儿的禀赋天资是各不相同的，认知发展也是有快有慢的。基于幼儿视角和学习特点，教师应该鼓励幼儿用多种形式真实地展示自己的学习过程。对于不同年龄的幼儿，教师要鼓励他们选择适合他们年龄的、符合他们身心发展和认知特点的记录方式，从而使得记录更真实、更有效，更能促进幼儿发展。

小班幼儿年龄较小，认知能力和动作发展较差，不能较好地记录自己的所见所想。他们的小手肌肉发展还不完善，握笔绘画能力较弱。教师应该帮助幼儿选取预设好、简单易懂、易操作的记录方式，引导选择粘贴式这种带有选择性质的记录方式。一旦记录的形式难度过大，就会影响幼儿学习探究的自信，影响STEM 下一阶段的学习。比如科学活动“勺子中的哈哈镜”，幼儿在尝试探索勺子的凹凸面，需要记录人脸胖、瘦，人脸正立、倒立时的样子，就可以根据自己的探索结果，将教师提供的人脸图片粘贴在相应的位置。这种方法比较直观、形象，较为适合年龄较小的幼儿。

中班幼儿已经具备了一定的认知水平，在行为表现及绘画层面都有了显著提升，思维模式更加倾向于具体性和形象性。这个年龄段的幼儿能够借助身边的简单事物来表达自己的真实情感和认知。图表式记忆是与中班幼儿的年龄特征相一致的，是在小班认知层面上进行的难度升级。比如在开展STEM 活动“小鸟真的来过吗”时，教师可在教学中适当引入图表来对其思维过程进行记录，以便加深幼儿的印象，同时也能让幼儿在进行内容总结时提高理解能力。

大班所学内容较之于中班而言更有难度，中班学习中所运用到的图表式等学习法对于大班学生同样适用。诸如在开展“迪士尼城堡”活动中，幼儿在踊跃参与的同时也会融入自己的理解，说明科学探究记录确实能够在一定程度上激发和培养幼儿的创新思维能力。

教师必须时刻谨记，记录方式的选择必须立足不同年龄阶段幼儿的发展特色及理解程度，必须综合考虑幼儿的认知水平。加德纳在多元智能理论中强调，提升学习者的智力水平是进行产品创新的必要举措。就其本质而言，智能并非单一性的，个体一般都具备语言智能、数理逻辑智能、音乐智能、空间智能、身体运动智能、人际交往智能、自我认识智能。幼儿基于其先天条件及成长环境存在的差异，因而表现出的智能也各有不同，体现了幼儿认知水平和感知能力的差异性。针对那些思维比较活跃的幼儿，可开展形式多样的活动来鼓励其积极参与，通过画、贴、捏等方式来进行记录；针对那些逻辑推理占有优势的幼儿，可鼓励其进行数据统计或填表；针对沟通能力较强的幼儿，可让其以故事或是戏剧形式对所学内容进行表述。总之，必须立足幼儿的年龄差异来为其提供多元化平台，尊重个人发展需求，引导幼儿运用多种方式来进行记录，进而总结出一套适合自己的学习方法，并形成知识架构。

第二节 多样化记录：真实展示幼儿学习

正如《3—6 岁儿童学习与发展指南》中提出的，幼儿要学习用多种方式表现、交流、分享探索的过程和结果。幼儿在 STEM 探究过程中，要用多样化的记录方式，真实地记录真实学习和探究过程，在此列举三种常见的记录方法。

一、图画记录

片段一：秘密花园——有趣的爬藤

在“秘密花园”项目中，幼儿经过讨论互动，结合大家的喜好和生活经验，统一了想法，确定在“花园”里种下丝瓜、黄瓜、南瓜和牵牛花。他们根据自己想要研究的植物进行分组，分成了丝瓜队、黄瓜队、牵牛花队、南瓜队。秧苗种下去了，幼儿盼着这些植物发芽成长。在探究过程中，他们提出许多关于植物生长的问题：什么时候可以再长高点？为什么南瓜长势那么好？丝瓜宝宝的叶子怎么有点枯了？什么时候需要搭建攀爬架子呢？……对于幼儿提出的问题，教师并没有直接解答，而是鼓励他们自己进行观察记录，自行观察植物在生长过程中的变化。幼儿在观察植物生长变化的过程中，利用图画记录的方式，将观察到的植物形态、颜色记录下来，并在观察和记录中寻找答案。植物的生长状态各异，幼儿利用图画的方式去记录植物的生长变化和形态特征，从而找到自己所提出的问题的答案，更加清晰地了解了不同种类的爬藤植物。

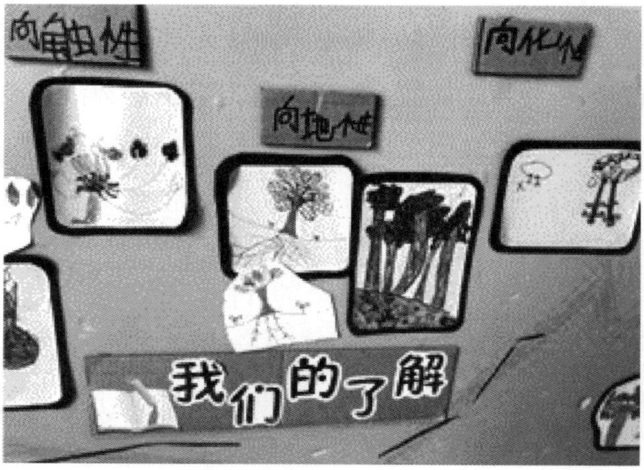

图6－1　幼儿的植物观察图画记录

图画记录是幼儿用图画表示科学探究中不同阶段结果的一种方式。在此STEM活动中，幼儿采取了图画记录的方式。他们将自己观察到的植物画下来，在绘画的过程中，展示了他们观察这些爬藤植物的结果和想法。宽大的叶片、纤长的藤蔓，幼儿将这些不同的形态特征通过图画的方式表现出来。从观察到思考再到绘画的这个过程，是幼儿对于这些爬藤植物思考认识的思维建构过程。在这个过程中，幼儿对于这些爬藤植物的感知更加深刻，同时表征能力也得到发展。

二、思维导图记录

片段二：中药房的秘密

中药作为我国医学的宝贵财富，现今也被很多家长用来为孩子调理身体、治疗风寒等。作为中国的孩子，更应该多了解这些国之瑰宝。在“中药房的秘密”项目中，为了让幼儿能够了解日常可见的一些中草药，初步探究古代中药房的秘密，了解中医的文化故事，教师选取了一些常见的中药药材，带领幼儿辨别这些药材的特征，熟悉药材的药性，让新鲜的药材变干。在这个活动中，教师引导幼儿利用思维导图记录对于中药房的观察和探究结果，加深幼儿对于中药房的认识和了解。

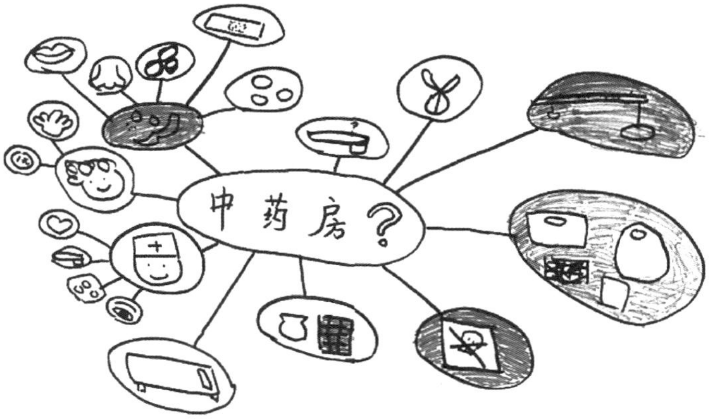

图 6－2　幼儿的中药房思维导图记录

在此活动中，教师引导幼儿利用思维导图记录中药房的构造和药品存储的方法。幼儿用图符结合的方式将中药房中的物品分类，同时用图符记录的方式整理发现的结果，这种方式有助于幼儿将这些发现和理解表达出来，提升了幼儿的表征能力和逻辑思维能力。

图符记录主要就是利用图形、符号等形式将观察到的事物记录下来。相对于抽象复杂的事物，图符更加容易被幼儿接受和理解，而且便于幼儿和教师记录展示相关的事物、问题及活动和游戏的过程。通过图符记录，帮助幼儿理解观察对象，形成“从观察到内化、从内化到表达”的循环过程，也通过这种记录方式，进一步推进主题活动的开展，使得幼儿在思维、表征方面有所提高。

三、符号记录

片段三：动力小车

汽车是生活中最常见的交通工具，在马路上我们能够见到各式各样的汽车，它们的速度不同，轮子大小也各有不同。行驶的汽车让幼儿兴趣十足，他们想要设计并制作一辆可以开动的小车。幼儿首先观察了汽车的特征，其次在纸上利用“长方形”“正方形”“线条”等符号记录自己观察到的汽车的特征，随后根据自己的记录结果，利用手中的材料进行设计和制作。

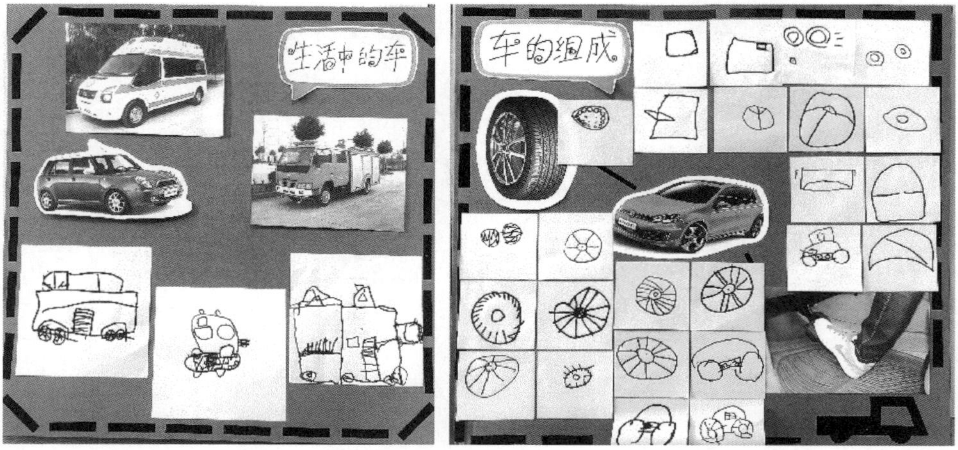

图6－3　幼儿的“小汽车”观察符号记录

符号记录是指幼儿在探索活动中通过实验、观察、探索，把自己的所想、所知、所做、所得用符号的形式真实地写、记、画下来。在实际生活中，幼儿对于汽车的观察和理解各有不同。车身的高低、轮子的大小、颜色的差异、品牌的不同……这些细节都表现出幼儿记录和表征的差异。幼儿用简单的符号记录下他们所观察到的汽车的特征，这是他们最直观的感受。幼儿从观察到记录再到设计制作的过程，是幼儿对事物的了解从内化到外化的转变过程，利用符号进行记录则是这个转变过程中重要的思维节点。

第三节　显性化记录：呈现幼儿外显思维

一、联系生活经验，将思维立体化

记录是幼儿思维内化到外显的过程。通过记录，幼儿将看到的、听到的、想到的事物利用图画、符号等形式呈现出来。幼儿所接触和了解的事物中很多都是抽象的、复杂的，幼儿园的幼儿大多处于具体形象思维为主的阶段，因此，教师难以用语言向幼儿清楚描述。为了能够让幼儿深入感受到事物的本质和特征，幼儿园应开展联系生活实际、多种多样的 STEM 项目化学习活动。在活动的过程中，教师鼓励和引导幼儿利用记录的方式，探究和发现事物的特征和本质，并将观察和思考的结果呈现出来。

记录是一个从“输入”到“输出”的过程，能够有效呈现幼儿的外显思维。如果选取的记录方式不同，那么记录所显现出的思维过程和思维结果也就各有不同。幼儿的思维能力和表征能力相对有限，所以这些记录可能是片面的，仅呈现了项目化学习活动中某一阶段或者某一时期。记录如何体现幼儿的外显思维，如何将抽象的思维过程转化为具体的记录结果？以下案例可以帮助教师获取规律。

片段四：“非常”种植活动

鲜花是美丽的，但是种植鲜花并不容易。幼儿园的场地有限，可以说是寸土寸金，在这种情况下，幼儿园如何利用小面积土地完成大面积种植呢？欣欣小朋友说：“把许多花盆绑或者捆在一起，就变得多了。”听到这个想法之后，宁宁也表达了自己的想法："我们可以种在墙壁上，像金桥公园围墙上那样。"松松说："像书架那样叠起来，种在里面，可以叠很多。"幼儿通过日常的观察，形成潜在的思维意识，当面对特定的问题时，这些意识就会逐渐显现出来。经过思考和探索之后，幼儿决定利用废弃的材料制作放置鲜花的场地。在制作之前，幼儿将脑海中想象出的形象记录下来，并利用记录表制作了设计图。

在这个案例中，幼儿首先提出问题"如何利用小面积的土地完成大面积种植"，在了解到空间有限的前提下，幼儿进行思考和讨论。有的幼儿提出可以将很多花盆绑在一起，有的幼儿利用日常生活中观察的情况提出建议，将花种植在墙壁上……这些建议是幼儿经过思考、讨论，并将生活经验与问题有效结合的结果，有效地将经验转化成解决方法。为了找到更具体的解决问题的方法，幼儿首先进行实地的调查，并将调查结果完整地记录下来。整理调查结果之后，他们又一次开展讨论、想象，制作设计图。网格式、书架式、楼层式的花架设计图就是幼儿思维外显的结果，也是记录的真实呈现。

该活动 3—5 个人为一组，进行分工合作。幼儿按照已经记录下来的思维和制作好的设计图，成功做好了花架的雏形！幼儿在确定设计图之后，开始利用木架、胶带、绳子等材料进行制作，将自己的记录成果逐渐具象化，不再是口头的语言表达，也不是纸面上的思维记录，而是逐渐变成实物。

二、联系探究主题，将思维具象化

记录是幼儿了解事物、梳理思路、表达思维的重要方式。针对那些抽象而复杂的问题和事物，采取不同的记录方式，可以帮助幼儿理解这些问题和事物的本质及要求。在进行自主思考探究之后，幼儿掌握问题要求，并按照要求所表述的特征和意义，以及自身的思考和理解，将抽象的观念具体化，隐性的思维显性化。

片段五：彩虹花园

花园是美丽的，也是多种多样的。如果给你一片土地，你会将它打造成什么样的花园呢？这是“彩虹花园”项目里的驱动性问题。幼儿纷纷发表意见。成成说：“我要设计海洋花园，里面有各种海洋动物，还要把花坛画成鱼的样子。”明明说：“我要设计彩虹花园，里面的树是彩虹色的，里面的花也是彩虹色的。”然然的想法则是：“我要设计城堡花园，里面有城堡和喷泉。我还要在树上挂我们的照片，还有二维码扫一下就可以玩游戏。”每一个幼儿都有不同的想法，教师通过调查表的方式，让幼儿将他们的想法变成文字和图画。

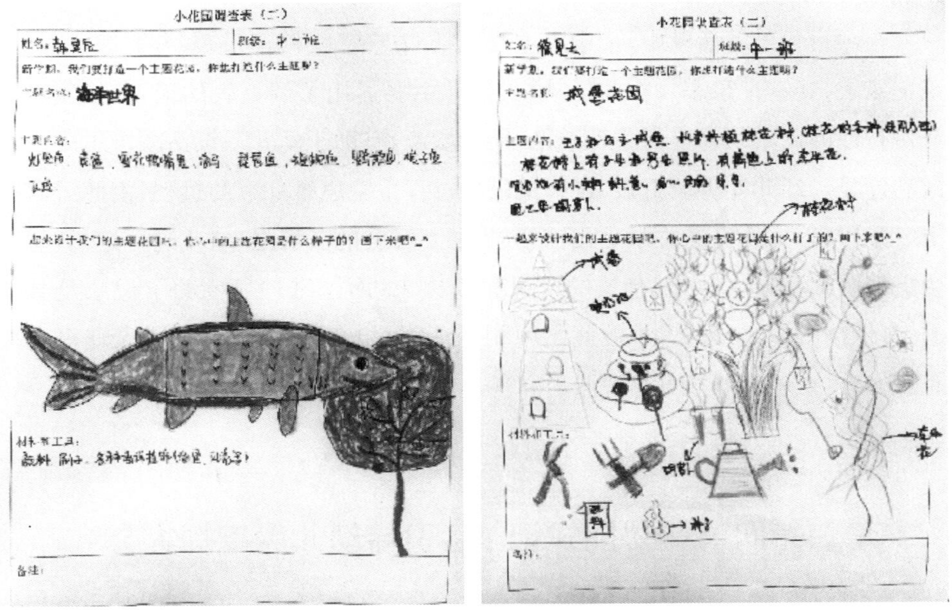

图6－4　幼儿的“小花园”调查表记录

在这个活动中，主要运用了调查表的记录方式，引导幼儿将自己的想法表达出来，让幼儿的思维想象变得更加具体明确。记录的过程也是思维完善的过程。例如在教师提问“想要设计什么样的花园时”，有的幼儿想要设计海洋花园，此时或许只是对这个“海洋花园”有一个浅显的认知，在调查记录过程中，这个浅显的认识会变得更加清晰和完善，直到他们在调查表上绘出鱼形的花园，这个想法才得到完善，并真实地显现出来。

幼儿思维的外显不是毫无根据、凭空出现的，而是需要有效的契机和合理的引导。在 STEM 项目化学习活动中，每一个问题和环节都需要精心设计，具有目的性和引导性。教师提出问题，幼儿围绕问题进行思考，在得出初步思考结果后，将其记录下来，让这个思考的结果更加完善和充实。与此同时，幼儿相互交流、分享和参考彼此的记录结果，思维视野也会更加开阔。选择合适的科学记录方式，选择恰当的时机和方式“介入”，有利于幼儿呈现和梳理原生态思维，引导幼儿让思维从隐性转化为显性。

在项目化学习活动中，记录表主要包括调查表、实验记录表、分类记录表、讨论记录表、观察记录表。在此活动中，幼儿主要运用了调查表的记录形式，将具有可行性的调查结果进行整理总结，便于参考，有助于幼儿后续活动中思维的发散和外显。幼儿完善调查表、进行记录的过程也是思维外显的过程，由此可以看出，记录与思维外显的关系是相辅相成、相互配合的。反之，幼儿进行记录，思维会更加明确清晰，最终以有效的成果显现出来，而思维外显证明了记录是有效的、有依据的。记录与思维彼此之间相互证明、相互完善补充，让记录变得更加有意义，也让思维外显更具说服力和科学性。

第四节　协同式记录：引导幼儿深度探究

一、协同记录，多种维度展示学习

幼儿的独特之处在于，他们的认知技能和学习方法是通过互动、直观的方式，而不仅仅是通过口头交流实现的。这一特点要求教师密切观察幼儿的 STEM 学习过程，了解他们感兴趣的事物、他们可能正在尝试的想法以及学习的真实表现，也要求教师用多种形式记录幼儿的学习、指导幼儿的学习，促进幼儿思维的深度发展和探究的深入开展。

高质量的幼儿教师专业发展是在幼儿认知观察和教学内容之间的循环和提升。教师可以通过观察和解释幼儿学习的证据进行教学反思，以回应幼儿以及教师自身的学习。为了更好地了解幼儿如何发展STEM知识和技能，教师观察和记录幼儿的方式可以多种多样。譬如，教师可以从照片和视频中寻找细节，讨论观察结果，以便更深入地了解幼儿STEM学习情况；教师还可以基于证据开展反思，使得自己不仅着眼于幼儿的学习方式，而且能够领悟和学习如何更好地指导幼儿；在对观察和记录的证据提出教学假设之后，教师根据反思和假设重新搭建脚手架，重新评估和调整教学环境，更具针对性地开展教学和指导。

教师之所以要把观察到的幼儿行为或事件以文字、照片或视频的形式记录下来，一方面是为了避免幼儿学习过程中的重要信息及其细节随时间推移而被遗忘，另一方面也是为了能将记录用于教学研究，或者与他人、幼儿分享。从记录的手段看，文字并非唯一的选择，照片、符号、图片、图表、音频、视频以及对幼儿作品的收集都具备记录和储存信息的功能。教师可以综合地考虑幼儿特点、项目主题和形式、记录的目的等因素，找到适合自己的观察记录方式，并养成在教学过程中随时记录观察到的各种信息的习惯。

有学者从STEM的角度提出教师观察和记录的视角，从发展技巧和可观察的幼儿行为的两个维度，引导教师开展STEM相关的认知发展课堂观察，记录幼儿的STEM兴趣和技能，从而获取幼儿STEM技能发展的证据，具体见表6-1。

表6-1 STEM技能观察表

STEM发展技巧	可观察的幼儿行为
执行功能	坚持；建立信心；接受新经验并承担风险；能专注并保持关注
主动性和好奇心	表现出学习者的热情和好奇心；以材料开始行动
创造力和创新能力	根据物体用途开展不同实验；动作和行为灵活

续 表

STEM 发展技巧	可观察的幼儿行为
探索与发现	用感官去探索；观察过程和结果；使事情发生；重复；理解因果关系
记忆	在新情况或者场景下能回忆和使用信息
推理和问题解决	使用各种策略，用想象力和创造力来解决问题；使用空间意识来理解物体的特性及其在空间中的运动，将知识应用于新情况

二、使用记录，促进幼儿思维发展

记录的目的不仅仅是为了发现，最根本的目的是利用记录的证据，引导幼儿直观地进行自我反思、自我调整与自我修正，并适时介入活动给予恰当的指导，不断发现新的教育契机，导航 STEM 学习，促进幼儿发展。

片段六：神奇的小草——校园草药分布图

在“神奇的小草”项目中，幼儿对“草药从哪里来？我们身边有没有草药呢”这一问题展开了深入的讨论。有幼儿说，在学校里看到过蒲公英，蒲公英就是一种草药，于是引发了“校园里的中草药”这一话题。幼儿自由分组，在校园里利用应用程序（APP）去寻找和鉴别有药用价值的植物，结果令人惊喜。通过分享交流，幼儿还发现有的草药是爬藤的；有的草药的叶片很大；有的非常不起眼；也有的生命力顽强，竟然从水泥地的缝隙中长了出来……我们将发现和记录都变成了一张校园药草分布图，分布图上的草药也随着幼儿的探究不断增加。在草药分布图中的草药旁边，幼儿还会把这种草药的发现地以及用途通过录音笔的方式进行更详细地记录。分布图让每个幼儿赞叹：“一切植物皆可药！”

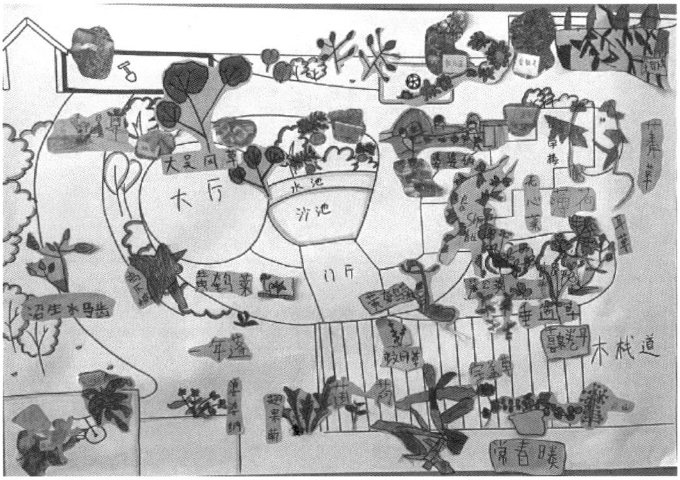

图 6－5　校园草药分布图

在这个过程中，幼儿通过分组调查的方式进行持续的记录，对于草药的了解更多了。不同小组的幼儿在探究植物时也会更加有目的性和针对性，教师也能够根据分布图上的记录，对于每一个小组进行更有效的支持和互动，让记录推进幼儿项目的探究。

在活动过程中，提升教师和幼儿记录的有效性与指向性是教师关注的问题。教师聚焦某一活动主题，要有预设的方式和视角，探查幼儿思维和认知发展的状态，以获得幼儿思维深入、认知发展的证据，如计划书、记录表、思维导图、绘画作品等。与此同时，教师应将幼儿的记录、教师的记录与活动目标进行校对检验，互动匹配，从而辨别幼儿学习行为背后的思维过程、发展需求和教育契机，更好地制定和提炼满足幼儿发展需求、具有挑战性、支撑 STEM 学习的支持策略。

教师通过记录感知幼儿的思考和学习状况，并通过交谈、提问、建议与幼儿对话，验证其 STEM 技能发展的程度。在此基础上，教师根据记录，运用线索和提示，指导幼儿 STEM 学习，引导幼儿进入下一步高质量的探索。

第7章

建立学习共同体

凡事开头最重要。
特别是生物，
在幼小柔嫩的阶段，
最容易接受陶冶，
你要把它塑成什么型式，
就能塑成什么型式。

——柏拉图

建立学习共同体，是指协作发生并伴随STEM学习过程的始终，学习离不开协作，协作也是合作与会话的过程。幼儿STEM以学习共同体的形态推动幼儿进入组织学习。在学习共同体中，幼儿不仅要学会怎样成为公众中的一员，还要学会合作、遵守规则、具有责任意识等协作能力。

第一节 团队合作：共建协同组织

一、学会合作是未来人才的重要技能

联合国教科文组织于1986年提出了教育的四大目标：学会求知、学会做事、学会合作、学会生存，用来指导人才的培养问题，可见合作的重要性。我们现在生活于转折时代，科学技术的变革以及扑面而来的信息化浪潮正日益深刻地改变着人们的生产和生活方式。合作，对于一个人来说，在未来社会将变得更加重要。协作能力和团队合作在21世纪的所有技能中占有重要地位，几乎所有的未来人才和职场研究报告都无一例外地提到了协作能力和团队合作的重要性，它对于一个人未来学习和工作的成功、人生幸福具有积极的影响和作用。

学会合作对于教育的终极性目标具有积极的意义。学生学会如何与他人合作，这使协作能力和团队合作的技能本身成为一种教育成果。学会合作对于教育的过程也具有积极的作用，正如幸福是一个人的终极目标，也是促进人幸福的手段，团队合作不仅是提高学生认知水平和思维发展的一种手段，它还显示出相当大的潜力可以促进学生社会情感的发展。

《3—6岁儿童学习与发展指南》中提到：幼儿园应在教育活动中不断渗透对幼儿合作意识与合作精神的培养，引导幼儿体会合作的意义与价值，鼓励幼儿学会分工合作，完成团队集体合作任务。由此可见，培养幼儿的合作精神、促进幼儿的社会性发展，无疑是《指南》中教育理念的重要组成，也体现了《指南》通过教育活动促进幼儿社会发展的核心理念。

事实上，合作学习现在被认为是一种具有较强影响力的教学形式。合作学习是指为了提高学习水平而共同努力的小组教学活动，通过合作学习，幼儿能获得很多机会来练习他们的协作能力。例如在合作学习中，所有幼儿都有机会使用各种交流和学习方式提问、回答、提出建议和批判性地反思对方的想法。合作学习促进了小组成员之间的相互依存。当幼儿认为他们彼此联系在一起，他们的行动促进共同目标的实现时，就建立了积极的相互依存关系。相互依存关系促进幼儿共同努力，相互支持、鼓励和帮助，共享资源，共享成功。团队合作可以帮助幼儿更好地交流，帮助幼儿练习沟通技巧，帮助他们在今天和将来更有效、更自信地说话。合作，超越了竞争和个人主义价值取向，是一种有助于实现共同目标的社会交往和学习方式，更有助于幼儿认知学习和社交技能的发展。

毫无疑问，合作是高级技能，是认知领域、个人领域和社会化领域多种技能的综合能力，能力在复杂、多变和不确定的场景中体现实践性和应用性。团队合作能力是多维度的，体现为具有沟通技巧、同理心、建立理解和信任、学会如何解决冲突、学会倾听、建立自信、建立谈判语言和技巧、遵守规则和指令等等。由此可见，合作是多维的和复杂的。

教师应在课堂建立合作的环境，提供空间和时间让幼儿分享他们的想法和观点，向幼儿表明他们的想法具有价值，很重要。在课堂上，通过小组计划和协作工作，鼓励幼儿与同伴交流想法的方式越多，他们分享观点的信心就越大，合作技能就越强，这是建立创意解决方案的第一步。

二、团队合作是 STEM 学习的重要基础

教师在为幼儿设计合适的 STEM 学习活动时，通常会把注意力集中在项目本身。当然，这一点是绝对重要的，但并不是唯一的考虑因素，幼儿合作学习的环境对于促进 STEM 的理解同样重要。

要使幼儿成为主动学习者，使 STEM 知识真正内化为每个幼儿的经验和素养，就必须建立学习共同体。幼儿 STEM 课程中提供的问题往往来自真实生活，通常以项目为支撑，以开放性的真实问题为导向，让幼儿围绕项目解决问题，

完成任务。一个完整的 STEM 项目化学习，具有长程性和多维性的特点，无法由一个幼儿独立完成，学习共同体应成为幼儿完成 STEM 项目化学习最主要的形式。我们还发现，当 STEM 项目具有社交活动形态时，幼儿的学习更有动力，更有激情。当幼儿认为他们是从事这项工作的小组成员时，他们更具韧性和毅力，他们对自己的能力也更有信心。即使有时这些小组不是真实的，但与他人建立联系的感觉更能激发幼儿的积极性和学习兴趣。

对幼儿来说，STEM 项目可能是复杂的，也可能是具有挑战性的。问题解决是学习 STEM 的关键，而 STEM 问题是不良结构的，需要学生调查、分析、提出假设、动手、调整、再实践，才能解决。在完成任务的每一个环节，幼儿需要分工与合作、与他人交流和讨论，需要在不断的尝试与改进中完成规定的任务。创造性的解决方案通常来自幼儿之间的交流和思维碰撞。幼儿分享他们的想法并交流，获得彼此即时的建设性反馈，通过他人的建议不断完善自己的想法。可见，合作性活动或任务渗透在 STEM 项目完成的始终。

幼儿之间的互动支持推动了科学研究的深入，如观察和比较。更具体地说，幼儿在 STEM 项目特定的背景下，评估、质疑和挑战对方的想法，这本质上是一种科学对话。当幼儿质疑、评价或挑战同龄人的想法时，他们需激活自己先前的知识和经验，依据对所提供材料的观察提出观点。评价时，幼儿还会对他人的学习做出反应，表示“同意”或“不同意”。这两种情境下的学习行为，就是观察和比较。

在 STEM 项目化学习中，幼儿有的是“科学家”，有的是“工程师”……他们像现实生活中的科学家和工程师团队一样，真实地基于任务开展合作。这种与真实世界的联系增添了他们学习的意义和目的。当他们承担起“科学家”和“工程师”的角色时，他们的行为将在今后的学习和生活中重复和强化，直至具有科学家和工程师真实的思维和行为。他们互相倾听，即使不同意对方的观点，也彼此尊重。他们的学习建立在分享彼此想法的基础上，并将这些态度、品质与成功紧紧地联系在一起。

第二节　学会倾听：知道对话前提

一、设计能力量规

听，本身是生理上一个无意识的过程，而倾听指的不仅仅是用耳朵听见说话者的语言，更是有意识地接收和处理对方所传递的信息的过程。有效的倾听，首先要求接收者主动把注意力集中到说话者的言辞上，不打断对方，尽可能地接收对方所要表达的内容；其次是尝试理解说话者的意思，不仅仅要明晰对方的言辞，更要理解核心思想和情绪情感；再次是要对所理解的意思进行记忆和总结；最后是向说话者给予支持性的反馈，例如看着对方适当地点头，或是给出"嗯"等类似的信号，表明自己正在倾听的状态。

良好的倾听习惯是幼儿语言和社会交往能力发展的基本条件，只有能完全地接收信息，才能做出有效的回应，开展后续的对话，为进一步合作打下基础。因此，让幼儿学会倾听是建立学习共同体的第一步，而建立学习共同体又是 STEM 项目化学习的始发站。由此可见，倾听能力对于 STEM 项目化学习具有重要意义。

根据《3—6 岁儿童学习与发展指南》以及幼儿年龄特点和日常表现，我们制定了幼儿倾听能力水平观察表，以量表的形式罗列出了幼儿倾听能力的不同水平。

表 7-1　幼儿倾听能力水平观察表

维度	水平一	水平二	水平三
倾听	· 当他人发表意见时表现得漠不关心或心不在焉 · 经常插嘴、打断他人的发言 · 完全无法复述自己听到的内容	· 当他人发表意见时眼睛有时能看着对方 · 有时会插嘴、打断他人的发言 · 能复述一部分自己听到的内容	· 当他人发表意见时表现出点头、眼神注视等积极倾听的行为 · 不打断他人发言，耐心听他人讲完所有内容 · 能完整复述自己听到的内容并理解他人观点

教师可以借助量表对幼儿在 STEM 项目化学习中的表现进行评估，了解幼儿当前的倾听能力水平，并结合实际情况，在 STEM 项目化学习的过程中进行针对性的培养。

二、学会等待倾听

当幼儿由于缺乏倾听能力导致团队中的协作出现问题，对 STEM 项目化学习进程造成消极影响时，有时他们会自然而然地去寻找原因，所以教师并不需要立即介入，可以先作为旁观者，用量表进行评估，等待事态的发展。

片段一：怎样让喂鸟器保持平衡

"怎样让喂鸟器保持平衡"是幼儿园中班的 STEM 项目，该小组由四位成员组成：田宝、奇奇、林林、草莓。他们计划用一个一次性的碗作为喂鸟器的主体，并且想办法让喂鸟器可以挂在高处，吸引小鸟来吃食物。

田宝从材料库中取来尼龙绳，用剪刀剪出四段，他和奇奇一起使用透明胶把四段绳子粘贴在喂鸟器周围。田宝说："做好了，把它挂起来试试。"他们将喂鸟器挂在架子上，喂鸟器一边高一边低，无法保持平衡。草莓说："太歪了，食物会掉出来。"田宝说："肯定是这边太轻了。"他剪了很多段尼龙绳，把它们一根一根粘贴在翘起来的一头。奇奇一直在说："这样不行的。"田宝没有理睬奇奇，继续为翘起来的一头增加重量，他觉得尼龙绳不够重，又在翘起来的一头贴上了很多条胶带，但是始终没有成功。

奇奇又说："这边绳子太长了，那边的短，所以才会歪掉。"草莓也建议道："我们可以把上面的绳子剪成一样长的。"于是田宝将四根绳子剪成了差不多的长度，喂鸟器终于保持平衡了。分享交流时，田宝高兴地介绍了他们改进喂鸟器的过程，教师对他能够听取同伴的建议予以表扬。

田宝是一个比较强势的孩子，在学习共同体中占据着主导地位。当遇到问题时，他更倾向于用自己的方式进行改进，忽视同伴的意见。根据量规，他的倾听水平处于水平一。但是当他尝试和努力之后，发现自己的办法无法成功时，他开始倾听奇奇和草莓的建议，慢慢理解了他们的想法。在这个过程中，教师没有急于告诉田宝同伴的思路是正确的，而是一直在旁进行观察，并在最后对田宝能够倾听同伴建议的行为予以肯定，让田宝发现原来倾听团队成员的建议对获得成功很有帮助。

由此可见，倾听能力的提升可以在学习共同体中潜移默化地完成，教师要把握介入的时机，建立鼓励倾听的氛围，让幼儿慢慢知道倾听是对话的前提。

三、关键时刻适时介入

在幼儿以学习共同体的形式开展STEM项目化学习活动时，教师会尽可能让幼儿自然获得各项能力的发展，并坚持以学生为主体的原则，一般情况下不能强行介入其中。当某个团队因为没有建立起倾听的氛围而使得STEM项目化学习进程受到阻碍时，教师可以适当加入团队，以合适的方式帮助该团队建立起倾听氛围。

片段二：皮影戏

“皮影戏”是大班的一个STEM项目，项目中教师设计了“你的故事里到底有哪些角色”的任务。项目中有个小组叫流星队，由五位成员组成：小马、九金、代灼、淼淼、嘉嘉，他们准备表演的皮影故事是《大闹天宫》。其中小马对这个故事最熟悉，他还带来了图画书，说可以按照书里的样子制作皮影人物。

小马说：“我们先来看书吧。”他拿出图画书，将《大闹天宫》的故事从头到尾给大家讲述了一遍。然后小马说：“我们先做一个孙悟空吧。”嘉嘉马上拿来铅画纸和记号笔画起了孙悟空。九金和代灼也去拿了铅画纸，开始在纸上画画。不一会儿，小马问九金：“你画的是什么啊？”九金说：“猪八戒。”小马说：“大闹天宫里没有猪八戒，猪八戒是后面出来的。”九金问：“那我画什么？”小马：“你帮嘉嘉涂颜色。”小马又看到代灼也在画孙悟空，说：“孙悟空嘉嘉已经画好了。”代灼说：“我不知道我要画什么。”小马有些生气：“我刚才说的故事你们都没听吗？”

教师问："你们现在遇到了什么问题？"九金说："我们不知道大闹天宫里有什么角色。"小马生气地说："我刚才都跟他们讲过一遍了。"教师说："他们对这个故事不是很熟悉，我们再一起讲一遍吧。"教师每讲一段，就问："这段里有什么新角色出来了？"得到答复后，教师帮助流星队将他们需要制作的人物一一罗列在记录本上。嘉嘉说："孙悟空我们已经做好了。"教师在孙悟空的名字后面打了一个钩。在之后的制作里，流星队每完成一个人物，都会以打钩的形式记录下来。

在这个案例里，教师发现流星队存在的问题是幼儿没有有效地倾听同伴讲述故事，无法记住故事中的人物角色，再加上他们选择的故事本身角色特别繁杂，对于幼儿来说难度的确很高。所以教师选择了带动幼儿一起"复盘"，将人物一一梳理清楚。幼儿在倾听教师讲述时往往比倾听同伴讲述更加投入，教师还一边讲述故事一边运用记录的方式，让幼儿借此机会掌握一些倾听的方法。

此片段表明，当团队未能建立起倾听氛围时，他们很难获取必要和正确的信息，会导致项目化学习受阻。此刻教师的加入就很有必要，教师要充分发挥量表的作用，做到手中有方法，脑中有策略，根据不同情况"对症下药"，促进幼儿倾听习惯的养成，从而获取所需要的信息。

四、走班教研实证导向

在教学过程中，幼儿园里一个班级的两位跟班教师很难完全获取每一个小组的合作和交流情况，而走班教研能够解决这类问题。STEM 项目化学习的走班教研，指教研组教师深入某一个班级的 STEM 项目化学习现场，按照每个团队配以 1—3 名教师的比例，对幼儿的行为进行观察、识别和记录，必要时可介入和指导幼儿团队。观察结束后，教师再对所在团队的 STEM 项目开展情况、各方面能力水平、优势与不足、改进措施等方面进行探讨。

例如在前面"皮影戏"的案例中，当天的 STEM 项目活动现场除了组织活动的教师、各组幼儿以外，还有 8 位教研组教师，他们两两分组，加入每个幼儿团队。负责流星队的教师先是在一旁观察和记录流星队幼儿的行为表现，发现了流星队的幼儿在听同伴讲述故事时有注意力不集中的表现，导致组员对要制作哪些角色没有清晰的认知，最后引发争执，使得项目进展停滞。于是教师帮助该团队的幼儿对《大闹天宫》中的角色进行了梳理。在活动结束后，教研组教师又围坐在一起对观察到的幼儿行为表现进行分析和总结，负责流星队的教师阐述了这一事件，再综合负责其他团队的教师对于各自团队的幼儿倾听能力的观察结果，一起分析并汇总了该班级幼儿的倾听水平情况，然后反馈给该班级的教师，以便班级教师在一日生活中更能关注到对不同个性的幼儿倾听能力的培养。

第三节　互相尊重：体验换位思考

一、建立平等合作的关系

如果说学会倾听是建立学习共同体的开始，那么互相尊重就是建立学习共同体的第二站。尊重意味着要学会倾听对方内心的感受，这需要谈话者双方都能够有一种平等合作的心态，克服以自我为中心，学会从对方的视角去看待他们经历的事情或是遇到的问题。

幼儿在成长的过程中慢慢具有了自我意识，要做到换位思考是很有挑战性的，但也是非常有必要的。在皮亚杰认知发展理论中，3—6 岁的幼儿正处于前运算阶段，此阶段的幼儿“自我中心化”处于比婴儿期更高的水平，往往表现为发表自己的观点时不在乎对方是否在听，或是交流中不能从对方的角度来考虑。在 STEM 项目化学习的团队中，带有强烈主观色彩的自我中心意识显然会成为合作中的严重障碍，容易出现各执一词、争执不下、忽视真正有用的观点等情况。

幼儿通过学习共同体知晓互相尊重是一个循序渐进的过程。在实践过程中，首先，要让幼儿具有团队意识，意识到“我们是一个团队”，大家应该一起做一件事，而不是你们都要听我的，按照我说的做，团队中每个人都有资格发表不同的观点；其次，幼儿需要运用倾听的技能，无论最后是否接纳，也要听明白他人的想法;最后,试着站在他人的角度去分析彼此观点不一致的原因,当发现他人的观点也非常有价值时,可以试一试,比较之后做出更有利于团队达到STEM项目化学习目标的方案。

二、体验争执不下的代价

以学习共同体的形式参与STEM项目化学习的过程是一个团队逐步磨合的过程。在项目初期,团队总会遇到各种各样的矛盾点,他们会慢慢发现每个人都会有情绪,一味地争执是没有用的。教师可以引导幼儿在集体讨论中发现团队存在的问题,找到解决办法,比如怎样分工、怎样协商、怎么配合等等。以下是STEM项目化学习活动"种子博物馆"中的教学片段,该教学片段通过对某一团队的跟踪观察,详尽地呈现了幼儿学会互相尊重的过程。

片段三:种子博物馆

该片段来源于中班的STEM项目"种子博物馆"。基于幼儿对种子已经有了基本的认知,教师从幼儿喜欢收集种子的兴趣点着手,引导幼儿自主寻找不同的种子,并且通过多种工具对新鲜的种子进行处理,让种子能够保存更长时间,最后以种子博物馆的形式进行作品展示。教师选择了星星组作为观察对象。在组里,星星担任组长,月龄最大,思维活跃,喜欢动手制作;熙熙内向,平时倾向于独自活动,不太爱说话,也不愿与他人交往;小嘟和小葡萄月龄较小,对活动有强烈的参与意愿。

教师布置了每个团队在幼儿园中寻找3—4种种子的任务,每组组长都有一个相机,可以将自己找到的种子拍下来,然后把采集到的种子放到自己团队的种子宝物盒里。星星在乐乐班门口发现了长着红果子的植物,和同伴们说:"我找到一个红红的果子,里面肯定有种子的,我们把它拍下来吧。"小嘟:"我来拍吧。"小嘟伸手想去把星星脖子上的相机拿下来。小葡萄说:"我来拍!我来拍!"星星看他们两个都想要拿相机,大声喊道:"不行!我来拍!你们就看着!"小葡萄说:"不行,相机就一个呀,你拍我们就没法拍了。"星星说:"我是组长,我来拍。"于是小嘟和小葡萄继续为了相机与星星争执，熙熙没有加入他们。直到活动结束，他们组都没有拍到照片，也没有采集到种子，大家都很不开心。

从该案例中可以发现，星星、小嘟、小葡萄对活动都有很强烈的参与意愿，但是他们因为谁来拍照这个矛盾起了冲突，没有完成预期的目标。一方面，他们都想摆弄相机这个比较新颖的工具，没有顾及同伴也想尝试的心态；另一方面，说明他们还都是以自我为中心的，缺乏团队应该平等合作、互相尊重的意识。

三、发现同伴观点的价值

如何让幼儿发现同伴观点的价值呢？教师可以让幼儿在集体面前大声说出自己不同的想法，鼓励团队将这些想法都进行尝试，通过实践比较得出更好的方案，也可以通过查找资料、搜集信息来佐证这些观点。让幼儿学会关注团队中不一样的声音，知道有时候别人不同的观点对达成目标很有帮助，而得到肯定的幼儿也会更加融入团队，有利于STEM项目化学习中学习共同体的建立。

片段四：石榴籽腐烂了

同样在STEM项目“种子博物馆”中，星星组准备提取石榴的种子。因为石榴皮太硬了，没办法用塑料小刀切开，他们请教师帮忙把石榴切成了两半。之后，他们使用勺子和筷子作为工具将石榴籽挖了出来。

小葡萄说：“这个种子的味道也太臭了吧。”星星说：“我知道了！用香水吧！就能把臭味覆盖掉了。”星星拿来了材料架上的花露水，对着石榴籽喷了上去。小嘟说：“味道还是很难闻。”星星说：“那怎么办？要么用水泡着吧。”小嘟听到，马上拿着小碗去接了水，把石榴籽全部都倒了进去。星星说：“我们泡着吧，泡一天，肯定就没味道了。”熙熙说：“不行吧，我们应该要洗了晾一下。”但是另外三人都没有理睬她。第二天，浸泡了一整天的石榴籽有些腐烂了。

在这个案例中可以发现，星星组经过一段时间的磨合，开始能够分工合作，但是因为忽视了同伴不同的观点，导致实践中遇到了问题。每个团队中都会有占据主导地位的幼儿，但是一个人的能力是有限的，所以学习共同体中需要有不一样的声音，帮助团队在解决方法上有更大的选择空间。

四、引导幼儿表达内心的肯定

学习共同体需要建立在长期的情感融合和不断磨合的基础上，只有这样，幼儿的同理心才开始不断强化，意识到自己说话的态度会引发怎样的结果。他们通过表达内心的肯定，让同伴感受到被尊重、被接纳，从而让合作关系更为和谐、坚固。

片段五：我需要你的帮助

在STEM项目“种子博物馆”的分类任务中，星星组要将准备好的种子进行分类，并且制作简单的标签，为下一步制作标本做好准备。他们已经画好了苹果和向日葵的标签，熙熙从材料仓库中拿来了双面胶。

星星说：“我来贴，我来贴。”他把双面胶一段段撕开，直接贴在纸的表面进行固定。小嘟说：“这也太难看了吧。”熙熙站在旁边，没有说话。星星看了看熙熙：“熙熙，你会贴吗？怎么用啊？”熙熙回答道：“我用过的。”星星把双面胶递给了熙熙：“我需要你帮帮我们呀。”小葡萄也说：“还是你来贴吧。”熙熙把画好的标签轻轻地拿了下来，然后把原本的双面胶剥下来，再在背面贴上了新的双面胶，撕开后贴在盒子上。小嘟说：“这样就对了呀。”星星拿起盒子看了看：“是呀，还好有熙熙，不然我们都不会贴。”熙熙听到同伴的话感到很开心。

这次当星星发现自己无法正确使用双面胶固定标签时，没有再一意孤行，而是主动寻求团队里同伴的帮助，而且他们已经开始学会向同伴表达认可和赞赏。

五、知道换位思考

换位思考是一种很好的思维模式，是同情能力的一种体现，是促进团队合作的润滑剂。通过学习共同体的建立，让幼儿在合作中体验换位思考，掌握一些方法，帮助他们形成站在他人角度思考问题的意识，对于幼儿的终身发展具有重要意义。

片段六："拔萝卜"的皮影人物制作

大班"皮影戏"项目里有个"拔萝卜"的皮影人物制作任务，教师给小组分配好角色之后，幼儿来到幕布后开始排练。暂时没有戏份的杨杨走到幕布前的观众席上看同伴表演，提醒拿手电筒的 Kiki："手电筒要近一点，要对着萝卜。"过一会儿他发现问题："老奶奶是反的！"原来他们在画角色的时候没有想到拔萝卜时人物是挨个排队的，朝向要一致，所以老奶奶、小猫、小狗都是反的。佳嫣说："那我们反过来拿就好了。"Kiki 说："不行，这样观众看到的它们都没颜色。"菡菡说："那给另一面也涂上颜色。"最后他们一起进行了返工。

从这里看出，坐在观众席上看表演，是大班幼儿尝试代入观众角色的做法。他们从观众的角度来评估自己团队 STEM 项目完成的质量，商量出解决的方法，比如手电筒距离的影响、人物的朝向和颜色等，力求将团队的皮影戏表演得尽善尽美。

相互尊重是在建立学习共同体、形成团队情感联结中逐渐形成的。幼儿从了解太过自我中心的负面影响开始，发现同伴不同观点的价值，学会对同伴表示肯定，最后体会到换位思考的好处并知道如何换位思考。当相互尊重的种子在幼儿心灵中生根发芽，他们会成为一个更加成功的团队。

第四节　表达交流：把握对话核心

一、经验迁移，共同建构

表达是将自身的思维以语言、表情、动作等形式反映出来的行为。交流是相互沟通，是指将彼此拥有的信息互换的过程。表达和交流是建立在倾听和尊重的基础上的，是 STEM 项目化学习的核心，也是建立学习共同体不可缺少的一部分。

对话的核心是信息共享。当幼儿表达自己的观点和感受时，就构成了个人的信息库，但是当参与对话的人数变多时，所有的信息展现出来，就会构成一个更大的共享信息库，这也是一个团队所必需的。信息库凝结着整个团队的智慧，能够极大地提高团队的能力，帮助他们做出最好的决策。在 STEM 项目化学习活动中，幼儿通过表达交流，充分地激发思维，归纳和产生新的想法，帮助他们在后续活动中得以应用。

在学习共同体中，幼儿的表达交流包括产生问题、质疑观点、做出推论、设计决定等。在这个过程中，幼儿通过与团队成员讨论交流，共同建构和分享知识，完成经验的迁移，尤其是有批判论点产生时，幼儿可以搜集到不同信息，获取不同的视角，从而重组学习思路，调整团队开展 STEM 项目化学习活动的方向。

片段七：制作弹拨盒

“制作弹拨盒”是中班的 STEM 项目。项目初期，幼儿围绕“用哪些材料制作弹拨盒”的话题开展集体讨论，当聊到琴弦时展开了热烈的讨论。

萱萱：我想用纸条。

跃跃反对：不行，纸容易撕坏，一拉就断了。

球球：可以用我们跳绳的绳子。

幼儿纷纷反对：不行的，太粗了。

TT：钢丝很细又很牢固，我想用钢丝做琴弦。

教师：是什么样的钢丝？

TT：细的钢丝，是可以打弯的那种。

筠筠：我家里有尤克里里，那个弦是细细的，硬硬的。

彭苒：可以用针线。

教师补充：哦，那是棉线。

洛洛：头发丝，头发丝很细。

月月：渔网。

教师补充：渔网用的是尼龙线。

婉瑜：皮筋。

禾禾赞同：可以的，橡皮筋有弹性，还能发出声音。

教师：禾禾总结得很好，皮筋有弹性，又牢固，拨动后还会发出声音。我们要做一个能发出好听的声音的弹拨盒，在拨动琴弦时能发出声音，弦还要牢固，不然一弹就断了。

其实，大多数幼儿对使用什么材料做琴弦是没有概念的，纸条、跳绳的绳子和琴弦的相似度相差太远，直到具有生活经验的幼儿提出观点，大家才找到最适合做琴弦的材料。幼儿通过交流讨论，将个体化的经验迁移到集体中，大家一步步发现琴弦材料的特性。随后，教师及时对幼儿提出的观点进行了概括和总结，帮助后续有目的地收集材料，推动下一步 STEM 学习的开展。

学习共同体通过表达交流完成经验迁移。在共同建构知识的过程中，教师需要发挥自身作用，抓住幼儿有价值的互动，提升他们的思维能力。

1. 激发表达的愿望

集体讨论时教师可以采用圆桌会议的形式，建立平等开放的对话氛围，抛出发散性的问题，激发幼儿的思考，带动幼儿的表达意愿。在此过程中，教师还要摸清不同个性、不同水平的幼儿在学习共同体中的表现，以鼓励、引导的方式让幼儿敢说、敢表达。

2. 掌握交流的方法

交流不仅要让幼儿知道“我要说得清楚”“我要大声地说”，还要让他们学会倾听和尊重他人，打下交流的基础，创设学习共同体中平等开放的合作氛围。

3. 引发交流的思考

STEM 项目化学习中表达交流的目的是信息共享，当幼儿提出很多不同的观点时，教师可以用语言概括总结、简单图示记录等方法，帮助幼儿更深入地理解他人的观点，发现对于他们项目最有帮助的方案。

二、思辨质疑，重组思路

质疑和思辨是进行深层次交流探讨的重心，在 STEM 项目化学习中，幼儿通过多角度的思辨质疑，将团队的 STEM 项目开展推上一个又一个新台阶。我们来看看“皮影戏”中两次连续的集体讨论的片段。

片段八：皮影戏

各团队开始设计和制作皮影剧场，流星队没有像其他团队一样找现成的柜子和架子搭建，他们准备用泡沫棒搭建架子，再贴上纱布作为幕布。在集体讨论时他们介绍了自己的想法，大家围绕“如何用泡沫棒搭建架子”的主题展开讨论。

佳嫣质疑：你们选的做架子的材料太软了，架子会站不住的。

教师：那大家有什么办法解决这个问题？

嘉嘉：旁边可以用两根棍子固定。

佳嫣：泡沫棒有洞，可以把棍子插进去。

小马：可以用晾衣竿。

九金：用搭帐篷的铁棍子。

妍妍：用竹子。

蕙芸：用万能工匠的棍子。

代灼质疑：万能工匠的棍子太短了吧？

蕙芸：可以用零件连成长的棍子啊。

柚子质疑：万能工匠连接起来可以直接做一个架子呀，用不着泡沫棒了。

小马：我们还是想用泡沫棒做。

教师：可以的，你们先试试。

第二次集体讨论的主题是“怎样连接泡沫棒”。流星队用四根泡沫棒搭建皮影剧场的架子，但是反复尝试了用绳子、透明胶、双面胶连接都没有成功。

教师：今天哪个小组遇到了问题？可以请大家一起想想办法。

小马：我们想把泡沫棒连成正方形，但是发现粘了这边那边又掉下来了。

（图符记录，实物展示）

教师：哎，你们发现了吗？为什么有一个角比其他的角更牢固？

嘉嘉：那边我用小马哥带来的绳子打过结，还贴了很多双面胶。

教师：你们还有更好的办法帮流星队解决连接泡沫棒的问题吗？

添添：把那根绳子穿到泡沫棒的洞里去。

乐乐：要一根长长的绳子，钻进洞里，然后打个结。

教师：我们材料库里有没有长长的绳子？

乐乐拿来麻绳，上台演示。

教师：什么时候可以打结？

乐乐：要把四根棒子全部穿好了再打结。

教师：你们觉得乐乐的办法怎么样？

大家表示赞同。

教师：下次制作的时候就试试乐乐的办法吧。

在两次连续的集体讨论中可以发现，幼儿在集体分享环节畅所欲言，整个班级都是作为一个学习共同体进行思考分析、表达交流。但两次不同的是，第一次是未曾实践时就提出疑问，幼儿试图分析和推理出解决方法，而第二次是在实践后讨论，幼儿受到实践的启发找到更切实际的解决方法，帮助流星队提供了不一样的思考角度。

作为集体讨论的组织者，教师可以用以下策略激发幼儿思辨质疑能力的发展。

1. 追随学习进程

所有的思考并不是一蹴而就的，STEM项目化学习是一个连续的过程，当幼儿发现问题、提出疑问、做出推论后，教师还要鼓励他们去实践。幼儿在实践中得到的经验和他们已有的知识相结合时，更能激发出思维的火花。

2. 理清分析思路

当整个班级都作为一个学习共同体时，他们会收获很多不同的声音，教师可以让个别幼儿以演示、介绍的形式将自己的思路分享给有需求的团队，给他们提供不一样的思考角度。幼儿受能力水平和年龄特点的限制，很多时候不能完全表达清楚，教师可以适当地追问，帮助幼儿更加简要、清楚地阐述自己的想法。

第五节　协同任务：指向责任担当

小组合作是当前幼儿课堂教学中常见的教学方式，充分彰显了幼儿学习的主体性。通过团结协作、互助互学的方式实现同一目标，获得协同发展，避免了传统的教师单向灌输的“一言堂”，赋予课堂教学生命活力。但在实际教学中，通常存在着“合而不作”“论而无效”的现象，许多小组合作虽然表面热热闹闹，实则徒有虚名，导致学习效果不佳、合作水平低下。

如何在幼儿STEM教育中避免此类问题的出现？项目化学习中的真实性和协同性任务能够有效地解决这一类问题。一方面，STEM教育下项目化的目的是解决项目面临的现实问题，将知识学习与动手实践进行有机结合，侧重于发现问题、拆解问题，侧重于通过合作、探究等方法解决问题。幼儿的活动必须指向真实任务的解决和探究活动的展开，幼儿是在与外界环境和材料的交互作用中发展协作技能和STEM素养。另一方面，在建构主义情境认知与学习研究领域中，实践共同体是其中的一个核心要素。STEM活动并不是简单地将幼儿聚集在一起做事，而是在参与任务的过程中每个人都承担不可或缺的责任，扮演重要的角色，即“实践共同体”。STEM学习任务应该具有差异性和互补性，帮助幼儿形成合作组合，优势互补，达成合作共享的目的，从而促进活动和任务的顺利完成。

片段九：我心目中的花园

“我心中的花园”是中班的STEM项目，在“改造自然角，把它变成一个花园”这一任务中，幼儿围绕“花园是怎么样的？花园里有什么”等问题开展调查研究。他们将自然角分成四块区域，并基于区域任务组建了四个学习共同体。学习共同体中的每个成员都分配了不同的任务，有的挑选合适的材料为花园里要饲养的小兔造一间房，有的则搭建花园的围栏……大家各司其职。在大家的合作中，小兔的房子初具规模。于是学习共同体的成员们开始了新的对话：外面的材料可以用什么呢？这样的房子会不会被风吹走呢？小兔住进去了，没有锁，会不会逃走呢？……

在教师的指导下，每个小组都开展了实践性、真实性任务的实践。他们结合区域环境、材料和自身需求，活化已有的经验，在与材料的相互作用中迸发灵感，并通过同伴合作，寻求解决问题的方法与方案。与此同时，幼儿还在交流、协商中找到了各自的角色，有的是设计师，有的是丈量工程师，有的是种植的农民伯伯，有的是记录师……差异性的任务恰好能帮助幼儿形成合作组合，让幼儿在小组活动中发挥自己的优势与特长，学会担当责任，促进学生主体意识的生产和项目任务的完成。

第8章

评价促进发展

孩子们，即使在很小的时候，

也会为几乎所有的事情制定理论和想法，

这些想法在学习体验中起到了一定的作用。

通过在适当的时间提出适当的问题，

教师可以引出这些想法，

并以有意义的方式促进学习过程。

——乔斯

评价促进发展，是指评价的目的是促进幼儿发展。教师运用科学合理的评价方法、手段和工具展开评价，通过观察与记录幼儿在 STEM 活动中参与、操作、实验、交流、合作、态度等方面的状况，做出分析和评价。评价关注幼儿的学习过程而非学习结果，更强调评价的过程性、现场性和即时性。

第一节　科学性导向：研制幼儿 STEM 素养评价标准

一、幼儿 STEM 素养的评价原则

评价是提高幼儿 STEM 教育质量、促进幼儿发展、促进教师调整、改进 STEM 教学的必要手段。从幼儿身心发展的根本特点和教育价值来看，幼儿 STEM 教育不应以幼儿掌握 STEM 知识的多少为评价标准，而应以幼儿的 STEM 素养为核心，倾向于具有发展性的、真实性的、可持续性的、有益于幼儿终身发展的教育目标和价值，这样才有利于培养幼儿探究能力、合作能力、批判性思维和动手实践能力等 STEM 素养。在幼儿 STEM 素养评价上，应遵循以下主要原则。

1. 科学性原则

教育评价是一门科学。教师在评价的实施中不能单凭主观经验或直观感觉评定、判断幼儿 STEM 知识和技能掌握、发展的能力与水平，必须采用科学合理的评价目标、方法、手段和工具展开评价。教师在 STEM 活动中观察幼儿并与他们互动以获取信息，然后通过活动、讨论、材料和问题来鼓励幼儿探索和了解他们周围的世界。这就要求教师了解幼儿 STEM 素养发展和 STEM 跨领域的预期学习目标，要求教师不仅要知道教什么，还要掌握幼儿 STEM 素养评价方式，从而促进幼儿 STEM 素养发展。

2. 发展性原则

幼儿STEM素养评价以促进幼儿的STEM素养发展为根本目的。换句话说，幼儿STEM素养评价是教师了解幼儿发展水平的手段，更是教师了解、反思并改进自己教育教学工作的手段，而不是给幼儿的STEM学习贴上不同的“标签”。

幼儿STEM素养评价是过程性、诊断性和形成性的评价，而不是总结性评价。教师应将评估整合到教学和探索活动之中，获得的反馈有助于教师确定幼儿的学习需求以及他们表现优异的领域，从而确定进一步发展的领域，调整教师的教学计划。

为了促进幼儿STEM素养发展，教师应该基于教学需要和幼儿实际，建立形成性评估框架和工具。形成性评估框架能为教育者提供清晰的评价结构，以实现有组织的形成性评估，使得教师了解幼儿需要学习什么，以及作为一名教育工作者应该教授什么。形成性评估框架能帮助教师向幼儿提供清晰简明的反馈，帮助他们发展STEM素养，还能帮助教师确定幼儿的特点和需求，并明确幼儿需要更多帮助的领域和细节。

3. 多样性原则

幼儿STEM素养评价的渠道和方式应体现多样性，即教师既可以在STEM活动中采用观察、记录、提问、对话、互评等多种方式进行评价，还可以把来自家庭、社区、幼儿自我和同伴等多种渠道的信息作为评价来源。当教师记录和反思幼儿的学习表现时，会让幼儿的思考和学习变得可见。在组织集体和小组活动中，教师可以通过观察幼儿的行为，倾听幼儿的自言自语和同伴间的交谈，与幼儿交谈、询问等多种方式，全面了解幼儿的STEM素养发展状况。教师还可以通过照片、视频、口述、观察日记、轶事记录本和成长档案等载体帮助幼儿建立STEM学习资料，评估幼儿的STEM素养。

4. 真实性原则

基于学前儿童的发展特点，教师应该根据幼儿在真实的、有意义的STEM任务或活动中的实际表现，评价他们对知识和概念的认知与理解，以及对STEM

技能的掌握情况。作为评价者，教师应当创设真实的 STEM 学习场景，追踪真实学习情境，观察与记录幼儿在实际问题情境中的提问、操作、参与、交流、合作、态度等方面的学习表现，并做出分析和评价。

STEM 素养包含 STEM 学科领域中指向某一相关领域的知识和技能，但定义更为广泛。STEM 知识是灵活且不断发展的，并非稳定或固定的。STEM 技能内涵丰富，灵活多样，包括解决问题、创造力、合作能力、批判性思维和设计思维等。研究表明，STEM 能力的考量最好通过 STEM 教育实践来评价和发展，这种实践应该借助现实环境，向学习者呈现真实的问题或项目，在解决真实性问题中推进。

教师在评价时应先根据评价目的，预先设计好一定的问题情境、任务场景，并采取自然观察法，在日常生活自然状态下，有目的、有计划地对学前儿童的行为进行直接观察、记录，从而对其 STEM 素养发展开展评价。把握和坚持 STEM 评价中的真实性原则，教师要关注的是幼儿的学习过程而非学习结果，关注的是幼儿质性表现而不是量化表现，关注的是评价的过程性、现场性和即时性。

5. 适宜性原则

STEM 教育具有强大的包容性，教学目标不仅指向数学、科学、技术和工程多学科知识的整合学习，还指向逻辑分析、自主探究、解决问题、创造、合作、批判性思维等能力的培养。教师设计教学评价方案时，要分析评价目标是否符合幼儿的水平，与活动内容和过程是否匹配；要分析评价指标是否符合幼儿活动内容，是否符合幼儿实际；还要分析评价内容是否符合幼儿发展水平，是否为幼儿可接受的活动，是否能拓展幼儿的相关经验。学前教育质量评价的标准不应是单一的、刻板的，而应在原则性与操作性、宽泛性与具体性、灵活性与规范性、模糊性与精准性之间保持必要的张力。

教师在评估时要回答以下问题：幼儿在学习什么？他们是如何思考的？他们从 STEM 课程中获得了什么理解和技能？教师应当从幼儿的潜能和个性出发制定评价手段和方式，如“幼儿成长档案记录袋”既能记录评价幼儿的现有能力，又能了解幼儿的成长过程和发展情况。

二、幼儿STEM素养的内涵解析

PISA对于科学素养的定义是“应用科学的知识来确定问题，得出或提出基于证据的结论的能力，以便理解并帮助做出关于自然世界的决定，并且通过人类的活动做出调整”。这一定义反映了科学素养评价不仅仅是为了评估学生对科学知识了解和掌握的程度，更重要的是学生如何在真实的情景中应用科学知识，解决问题，体现了科学教育从知识学习向素养发展的重要转向。

幼儿素养评价不仅需要指向注重STEM知识在真实场景下的应用，还要关注幼儿的STEM学习态度、价值观和个性发展。新西兰怀卡托大学的玛格丽特·卡尔教授提出，促进儿童的学习和评价首先需要聚焦有助于学习的心智倾向——兴趣、专注、坚持、自信和责任。这些心智在STEM学习领域体现为STEM学习态度和价值观，超越科学、数学、技术和工程等知识、技能，已成为STEM素养发展评价的重要维度。

1.《3—6岁儿童学习与发展指南》科学领域发展目标解读

《3—6岁儿童学习与发展指南》将科学领域发展目标划分为三个维度：情感态度、方法能力、知识经验。三个目标相互依存，是幼儿科学探究过程中的不同方面和不同表现，具有不同的性质和特点。结合幼儿园长期以来的科学教育实践，现对《指南》中的科学领域发展目标逐一解读。

(1) 目标一：亲近自然，喜欢探究

此目标指向情感态度，体现的是幼儿的好奇、好问、好探究。好奇是学前阶段儿童的特点，也是产生探究动机的基础。如树下的毛毛虫能让幼儿观察半天，倒入沙坑马上消失的水能让幼儿满脸疑惑，这些现象都充分激发了幼儿的好奇心。好奇是基础，而真正引发幼儿对现象的思考是“好问”。幼儿总是有数不清的问题：“蚂蚁为什么喜欢甜甜的东西？”“小蝌蚪生出来几天以后开始长尾巴？”“为什么青椒的小苗苗上会爬满小虫，该怎样把虫除掉？”……幼儿的“刨根问底”是教师需要把握的“适宜探究的问题”的来源。问题也是引发幼儿探究欲望的导火索，幼儿主动寻求答案的过程表示探究的行为开始产生了。所以，教师要安静、耐心、倾听、等待、记录、支持、引导幼儿亲近自然，爱上探究。这一目标指向的核心是情感类素养，培养幼儿对自然的亲近、对科学的好奇、对探究的兴趣。

（2）目标二：具有初步的探究能力

此目标指向方法能力，指幼儿在科学活动中经历探究的过程以及获得探究的能力。探究的过程包含提出问题、思考猜测、操作验证、交流分享等环节，针对不同的年龄段可以有不同的拓展和深化。初步的探究能力包含观察、比较、分析、验证、记录、收集等行为特征，具有初步的探究能力是幼儿科学领域发展目标中最为关键的目标，这一目标体现的是行为类素养。

（3）目标三：在探究中认识周围事物和现象

此目标指向知识经验，是幼儿在感知、体验、探究和发现中获得的关于常见的动植物、自然现象、科技与人们的关系，人与环境等知识。幼儿认知素养应是在探究基础上形成的，并最终为探究活动服务，这一目标体现的是认知类素养。

科学领域发展目标的内涵能够为幼儿STEM素养内涵提供视角、借鉴和依据。

2. 幼儿STEM素养内涵及构成要素

基于《指南》科学领域发展目标的解读和对STEM的理解，我们将幼儿STEM素养解构为：情感类素养、行为类素养、认知类素养和社会类素养，体现了STEM素养的综合性和全面性。情感类素养主要是指具有强烈的好奇心和求知欲；行为类素养主要是指具有良好的动手能力和思考能力；认知类素养主要是指具有求实的学习态度、质疑能力和一定的迁移能力，并具有一定的STEM知识；社会类素养主要是指具有一定的协作能力、规则意识和责任心。

（1）情感类素养的内涵及其构成要素

情感类素养表现为对周围世界新事物和现象探究的主动程度，对

STEM 材料的操作意愿和投入度，对 STEM 探究过程的深入程度，对 STEM 活动的坚持性，以及对自己在 STEM 活动过程中情绪的把控与积极态度转换的能力。情感类素养的核心是情感与态度。基于情感与态度的特征，要素可以解析为情感指向的“喜欢”“兴趣”以及态度指向的“积极”“认真”“创新”“坚持”。

维度一　情感：喜欢、兴趣

情感由喜欢和兴趣组成。从字面上理解，喜欢泛指一种感觉，同时也有愉快、高兴的意思。兴趣是对事物喜好或关切的情绪，是人认识某种事物或从事某种活动的心理倾向，它是以认识和探索外界事物的需要为基础的，是推动人认识事物、探索真理的重要动机。年龄偏小的幼儿在情感类素养中所表现出来的以喜欢居多，随着年龄的递增，兴趣的成分也逐步增加。因此，在不同年龄段的情感类素养测试中的观察点也会有所侧重或调整。例如小班幼儿对“五颜六色的冰花”的观察点落在“喜欢”的标准，对冰花感到喜欢并有动手探究制作的愿望。中班幼儿对“制作纸飞机”活动和大班幼儿对“神奇泡泡器”活动则落在“兴趣”的观察点上，他们更多的是对探究制作纸飞机和泡泡器感兴趣，见表 8－1、表 8－2。

表 8－1　“制作纸飞机”观察点（中班）

指标	等级			
	水平一	水平二	水平三	水平四
情感 □ 喜欢 ■ 兴趣	□ 看到实验材料、图片或成果，没有反应	□ 看到实验材料、图片或成果，能在教师的引导下，观察与动手探究	□ 看到实验材料、图片或成果，非常好奇，有较强的动手探索欲望	□ 看到实验材料、图片或成果，非常好奇，有很强的探索欲望，并在过程中会主动问各种与材料或实验相关的问题

表 8-2 “神奇泡泡器”观察点(大班)

指标	等级			
	水平一	水平二	水平三	水平四
情感 □ 喜欢 ■ 兴趣	□ 看了视频和制作材料,对制作任务不感兴趣	□ 看了视频和制作材料,能在教师的引导下,参与讨论与制作	□ 对视频和制作材料非常好奇,有较强的探究和动手欲望	□ 对视频和制作材料非常好奇,有强烈的探究和动手欲望,会主动询问各种问题

维度二 态度:积极、认真、创新、坚持

态度由积极、认真、创新和坚持组成。积极是肯定的、正面的、促进发展的、努力进取的、热心的情感。认真是对一项事物做仔细的处理。创新是以新的思维、新的发明和新的描述为特征的概念化过程,表现为:第一,更新;第二,创造新的东西;第三,改变。坚持表现为“坚”和“持”。“坚”即意志坚定;“持”即持久,有耐性。坚持的意思是不改变不动摇,始终如一,是一种意志力的表现。所以,将四个构成要素从低到高排列依次为:积极、认真、坚持、创新。积极和认真是态度中比较基础的部分,坚持是在此基础上的进阶,创新是最高级的部分,表现为有坚持的探索精神和创新意识。

不同年龄段幼儿表现的态度程度会有所不同。例如在小班的观察类场景测试中,幼儿在进行“图片找不同”活动时,态度维度呈现出来的要素为认真和坚持,体现了幼儿对图片分类活动的仔细、耐心和持久力(见表 8-3)。教师对小班或者中班幼儿的观察点主要落在积极、认真和坚持方面。随着年龄的增长,幼儿的创新意识逐渐发展。在大班阶段,教师能比较多地看到幼儿的创新表现。例如在“神奇泡泡器”活动中,教师能较容易地捕捉到幼儿对于制作和改造泡泡器的创造性想法和操作方法(见表 8-4)。

表 8－3 “图片找不同”观察点(小班)

指标	等级			
	水平一	水平二	水平三	水平四
态度 □ 积极 ■ 认真 ■ 坚持 □ 创新	□ 随意观察图片内容，并东张西望	□ 观察图片时会受到周围环境的影响	□ 能在教师提示下，认真地观察图片内容	□ 从始至终都能认真投入地观察图片内容
	□ 观察图片时间很短，少于半分钟	□ 观察图片能持续一分钟	□ 观察图片持续一分钟后，在教师鼓励下愿意继续寻找有难度的内容	□ 在规定时间内，能持续寻找有难度的内容

表 8－4 “神奇泡泡器”观察点(大班)

指标	等级			
	水平一	水平二	水平三	水平四
态度 □ 积极 □ 认真 ■ 创新 ■ 坚持	□ 对泡泡器的设计与制作没有自己的想法或创意	□ 能在教师的引导下，对设计与制作泡泡器有一定的想法，但创意不够	□ 对设计与制作泡泡器有自己的想法和简单的创意	□ 对设计与制作泡泡器很有想法，并且有独特的创意
	□ 在设计与制作的过程中，自己没有想法，并容易受同伴的影响	□ 在设计与制作的过程中，虽有自己的想法，但容易受同伴影响，不坚持原先的设计	□ 在设计与制作的过程中，有自己的想法，并在同伴的帮助下达成制作目的	□ 在设计与制作的过程中，非常坚持自己的想法，并想尽一切办法达成制作目的

(2) 社会类素养的内涵及其构成要素

社会类素养表现为幼儿参与互动的意愿，与同伴共同完成任务时合作协商的质量，分享探究经验或成果的积极性、自信度，表达方式的多样性与表述能力的清晰度、连贯性等。社会类素养的核心是合作互动，内涵主要体现在乐意分享、整理意愿、同伴互动。

基于社会类素养的内涵，其构成要素可以解析为“合作”与“表达”。合作指两人或多人一起工作以达到共同目的，也指群体与群体之间为达成共同目标，彼此相互配合的一种联合行动。高质量的 STEM 活动需要幼儿互相合作完成，这对幼儿的合作素养提出了要求。表达有多层次含义：第一，叙述、说明个人对事物实际特征的观察结果；第二，传达一种观念、印象，或对某些无形事物的性质及特色的了解；第三，确切地或系统地阐明。这三个层次其实体现了表达这一因素不同的能力表现。基于教师与幼儿交往的本质特点，表达这一因素几乎在所有的 STEM 活动中都能够被观察到。当然，不同的年龄段或者即使是同一年龄段的幼儿表现出来的社会类素养中的合作以及表述水平也存在差异，这与教师日常对这一类因素的认识和重视程度、培养方法的掌握以及幼儿年龄特点有很大的关系。

（3）行为类素养的内涵及其构成要素

行为类素养体现为对材料的认识与操作、对工具使用方法的探索，以及提出假设、寻求答案、解决问题的能力表现。行为类素养的核心是探究能力，内涵主要体现在观察比较、提出问题、思考猜测、收集信息、记录能力、制定计划、使用工具、解决问题等多方面，具体指向观察的细致程度，提出问题与探究活动之间的相关程度，思考猜测的目的、依据，以及思维的复杂度，信息搜集的计划性，记录对自己想法呈现的清晰程度，计划设计实施调整的合理性，工具材料使用的方法与灵活性，解决问题方法的多样性等。

基于行为类素养的内涵，其构成要素为“工具”“准确”“方法”“重复”“记录”“演示”。这些构成要素也基于幼儿年龄特点，存在着一定的差异性。比如小班幼儿在“五颜六色的冰花”的任务中，教师观察幼儿制作方法的点是“准确”（见表 8－5）。在中班幼儿“制作纸飞机”活动中，教师选择验证中的“方法”作为观察点，观察幼儿制作飞机的方法是否达到了效果，以及怎样调整让它飞得更远（见表 8－6）。在大班“神奇泡泡器”活动中，教师将观察点调整为验证中的“重复”，观察幼儿是否能够反复尝试验证自己制作的泡泡器——如何能够吹出神奇的泡泡（见表 8－7）。

再如“表达”，小班、中班的观察点为观察幼儿是否能够简单地展示自己的操作过程，而大班则有了更高的要求，将“记录”作为观察点，观察幼儿是否能够将自己的制作计划记录下来。

表 8 - 5 “五颜六色的冰花”观察点（小班）

指标	等级			
	水平一	水平二	水平三	水平四
操作 □ 工具 ■ 准确 □ 合作	□ 在制作过程中，一直表现出为难的情绪，寻求教师帮助	□ 在教师的演示下，幼儿愿意动手尝试，但是有困难	□ 在教师的演示下，幼儿愿意动手尝试，并在教师的帮助和提示下，能完成制作任务	□ 幼儿能自主地完成制作任务

表 8 - 6 “制作纸飞机”观察点（中班）

指标	等级			
	水平一	水平二	水平三	水平四
验证 ■ 方法 □ 重复	□ 在教师提出改进要求后，不能根据测试结果分析原因并做进一步的调整	□ 在教师提出改进要求后，能通过教师或同伴的引导，尝试分析原因，但在改进中比较被动	□ 在教师提出改进要求后，能通过教师或同伴的引导，分析原因并动手改进	□ 在教师提出改进要求后，能主动分析原因并动手改进

表 8 - 7 “神奇泡泡器”观察点（大班）

指标	等级			
	水平一	水平二	水平三	水平四
验证 □ 方法 ■ 重复	□ 在教师提出疑问时，不知道用验证来证明自己	□ 在教师提出疑问时，知道用验证来证明自己，但不会坚持自己的观点	□ 在教师提出疑问时，会用验证的方式证明自己的观点	□ 在教师提出疑问时，会用反复验证的方式证明自己的观点

(4) 认知类素养的内涵及其构成要素

认知类素养的核心为科学和数学认知。认知类素养体现在认识自然、认识动植物、认识物体属性、认识物理现象、认识数学知识等方面，具体是对自然变化的敏感度以及对自然与人类生活关系的理解程度，对动植物外形、习性与人类关系等认识的细致程度，对物体属性与物理现象的理解力，初步感知数学知识的有用和有趣，感知数、量及数量关系，感知形状与空间的关系。

认知类素养的构成要素为“自然常识”和“科技常识”。自然常识对于幼儿来说相对直观和显性，而且接触比较多。科技常识涉及物理及科学的原理，相对比较隐性。在测评时，教师要根据幼儿年龄特征和认知特点，对自然常识和科技常识有所侧重，对年龄较小的幼儿应倾向于自然常识的观察，对年龄较大的幼儿倾向于科技常识的观察。例如在小班的“五颜六色的冰花”活动中，教师观测的幼儿认知类素养表现为对材料以及对水变成冰的冷却方法的认知程度（见表 8－8）。而在大班的“有趣的多米诺”活动中，教师观测的认知类素养体现的是科技常识，表现为对骨牌倾倒原理的理解程度（见表 8－9）。

教师只有深刻理解和把握 STEM 素养的内涵、维度以及幼儿具有的水平层次，才能有意识地、明确地挖掘 STEM 活动所蕴含的素养内涵及其教育价值，从而将目标融入或外显于幼儿活动中，并针对性地观察幼儿的 STEM 素养，有效提高幼儿的 STEM 素养。

表 8－8　“五颜六色的冰花”观察点（小班）

指　标	等　级			
	水平一	水平二	水平三	水平四
常识 ■ 自然常识 □ 科技常识	□ 对各种材料不敏感，在冷却问题上有认知错误	□ 对各种材料比较敏感，并在教师的引导下，能说出冷却的方法	□ 能较清晰地认知各种材料，能主动积极地说出冷却的方法	□ 能清晰地认知各种材料，能准确说出冷却的方法

表 8－9 "有趣的多米诺"活动观察点(大班)

指标	等级			
	水平一	水平二	水平三	水平四
常识 □ 自然常识 ■ 科技常识	□ 知道骨牌的简单玩法，但不会使用机关，也不愿意探索	□ 知道骨牌的玩法，不太会使用机关，但愿意尝试和探索	□ 不仅知道骨牌怎么玩，还知道其中的简单原理，对机关也有一定的经验	□ 会熟练应用机关设计骨牌线路

第二节 诊断性导向：真实情境下的 STEM 素养评价

一、STEM 活动中选择特定场景开展评价

真实性评价，是检验幼儿学习成效的一种评价方式，是教师针对幼儿运用所学的知识和技能完成真实世界或模拟真实世界中有意义的任务开展评价。STEM 能力是通过 STEM 教育实践来发展的，评价应该在真实的学习环境下、真实的问题或任务解决的过程中完成，体现真实性。在真实的 STEM 活动中选择特定的场景开展评价，设计具有操作性和实践性的评价方法，能为 STEM 教学研究提供视角，促进幼儿 STEM 素养发展。

1. 设计情境测试任务

特定场景测试评价是结合 STEM 活动，根据评价预设目标，创设问题情境，组织幼儿 STEM 活动和任务，开展针对性的测评和评价。在幼儿完成任务的过程中，教师根据行为量表进行观察、记录，对幼儿 STEM 行为做出全面、客观的评价。在具体操作时，教师可以选择符合各年龄段幼儿年龄特点、认知特点、操作特点的，适合开展测评的 STEM 活动，设计成问题情境开展测评。

在情境设计和材料提供上，教师要充分体现 STEM 素养的内涵指向和表征行为。观察、比较、分类、操作、制作、验证、设计创意是幼儿 STEM 实践的主要行为，教师可以从这七个方面设计相应的情境测试题，考察幼儿在情感、态度、操作、验证、常识、表达等方面的 STEM 素养发展情况。

量规测评的一个特点是建立水平标准，即根据认知的表现制定观察水平量表。我们在制定幼儿行为观察量表时，将同一个 STEM 素养测评点分成了四个发展水平，分别用 1、2、3、4 分来代表。如将思维发散性分为“不能分类”“能根据某一特征分类”“能进行多种方式分类”“能进行多种方式分类并阐述理由”四个发展层次，让教师在测评时能一目了然，能对照指标进行判断评价。

2. 基于观察视角提问

通过观察可以了解幼儿的学习兴趣、学习品质，进而把他们的个别化教育目标整合进课程设计中，实现因材施教。在实践中，我们采取了观察视角、量规应用和教师提问三者结合的 STEM 素养评估方法。观察视角是评估的目标，体现了目标导向；量规应用是评估的依据，体现了科学导向；教师提问是评估的手段，体现了互动导向。教师基于观察重点，通过互动交流和有针对性地提问，一步步揭示幼儿的探究和学习进程。观察重点与重点提问之间的关系是密切关联、相辅相成的。

教师的提问和互动还是促进幼儿 STEM 素养发展的方法。如果幼儿在某些特定领域表现出高水平，那么教师为其设定的发展目标也应当有所调整，从而对其现有发展水平提出挑战。幼儿的真实想法和水平总是悄然出现在具体的活动过程中，只有真实情境中的表现才是幼儿最真实的反应，这样测评才会真实有效。

3. 测评力求全面客观

组织测评方式可以采取一对一或一对二的方式，也就是一位教师对应观察一个或两个幼儿，主要用提问的方式与幼儿进行互动，仔细观察每一个幼儿的语言和行为，认真记录幼儿的行为，并对应行为量表进行测评。观察和测评结束后，教师对观察数据进行汇总，共同判断每一个幼儿在 STEM 素养测评点上的发展水平。一张测评表可以兼顾多种观测视角，使得评价方式具有针对性、全面性、综合性、客观性，能够清晰地反映该幼儿情感类、行为类、认知类、社会类的 STEM 素养整体发展状况。

案例链接

“神奇泡泡器”制作活动

1. 适用年龄段：大班

2. 涉及的科学素养：情感（兴趣）、态度（创新、坚持）、操作（合作）、验证（重复）、常识（科技常识）、表达（记录）

3. 测评建议：

（1）一名教师负责同时对 2—3 名幼儿进行测试，做好观察记录；

（2）随机抽样每班 1/3 的幼儿，注意男女比例均衡。

4. 材料准备：制作材料（棉线、扭扭棒、吸管、绒线、小棒等）、手工材料（剪刀、胶带等）、泡泡水、电脑、魔幻泡泡秀视频。

5. 场景设计：一张桌子上放一台手提电脑用于播放魔幻泡泡秀视频，另外两张桌子上放着各种制作材料和手工材料。

6. 观察重点：

（1）观察幼儿在观看魔幻泡泡秀视频的过程中是否专注，是否对“制作神奇泡泡器”的任务有冲动；

（2）仔细倾听幼儿对设计神奇泡泡器的想法，观察幼儿在教师的启发下，是否会有自己的创意；

（3）观察幼儿是否会主动协商确定设计方案，是否能将方案计划记录下来，在制作的过程中，是否能协调配合，遇到困难是否会想办法解决；

（4）当教师提出验证的问题时，观察幼儿是否有验证的意识，操作过程中是否愿意反复尝试，并思考原因；

(5) 观察幼儿对发现与问题的记录能力。

7. 重点提问:

(1) 魔幻泡泡秀大家看过吗?今天有一段这样的视频,我们一起来欣赏一下,看看为什么叫“魔幻泡泡秀”。

此问题指向“情感”:对视频的兴趣。

(2) 你觉得这段魔幻泡泡秀怎样?如果给你材料,你愿意尝试制作神奇泡泡器来秀一下吗?如果让你自己设计一个神奇的大泡泡器,你想怎么设计?

此问题指向“情感”:对任务的兴趣;“态度”:对制作泡泡器的设计创意。

(3) 今天你可以找朋友一起合作来进行设计与制作。想一想如果结伴,在设计中你们如何达成一致,在制作中又可以怎么分工?

此问题指向“操作”:协商、沟通。

(4) 在制作前,请你们先把制作计划画下来。

此问题指向“表达”:记录制作计划。

(5) 泡泡是怎么形成的?

此问题指向“常识”:对泡泡形成条件的认知。

(6) 好像你们的泡泡器不能吹出神奇的效果吧?

此问题指向“验证”:反复尝试;“态度”:坚持性。

(7) 你们发现了什么?还有什么问题吗?

此问题指向“表达”:对发现与问题的记录。

表8-10 幼儿行为观察量表

	1分	2分	3分	4分
情感 □ 喜欢 ■ 兴趣	□ 看了视频和制作材料,对制作任务不感兴趣	□ 看了视频和制作材料,能在教师的引导下,参与讨论与制作	□ 对视频和制作材料非常好奇,有较强的探究和动手欲望	□ 对视频和制作材料非常好奇,有强烈的探究和动手欲望,会主动询问各种问题

续 表

	1分	2分	3分	4分
态度 □ 积极 □ 认真 ■ 创新 ■ 坚持	□ 对泡泡器的设计与制作没有自己的想法或创意	□ 能在教师的引导下，对设计与制作泡泡器有一定的想法，但创意不够	□ 对设计与制作泡泡器有自己的想法和简单的创意	□ 对设计与制作泡泡器很有想法，并且有独特的创意
	□ 在设计与制作的过程中，自己没有想法，并容易受同伴的影响	□ 在设计与制作的过程中，虽有自己的想法，但容易受同伴影响，不坚持原先的设计	□ 在设计与制作的过程中，有自己的想法，并在同伴的帮助下达成制作目的	□ 在设计与制作的过程中，非常坚持自己的想法，并想尽一切办法达成制作目的
操作 □ 工具 □ 准确 ■ 合作	□ 不主动与同伴协商，也不愿意跟从	□ 不主动与同伴协商，但在同伴的主动沟通下能达成一致	□ 能与同伴主动协商沟通，在制作过程中，能在同伴的要求下提供帮助	□ 能与同伴主动协商沟通，在制作过程中，能主动提供帮助
验证 □ 方法 ■ 重复	□ 在教师提出疑问时，不知道用验证来证明自己	□ 在教师提出疑问时，知道用验证来证明自己，但不会坚持自己的观点	□ 在教师提出疑问时，会用验证的方式证明自己的观点	□ 在教师提出疑问时，会用反复验证的方式证明自己的观点
常识 □ 自然常识 ■ 科技常识	□ 对泡泡形成的条件不清楚	□ 能在教师的启发下，积极寻找影响泡泡形成的条件及因素	□ 能通过自己的观察和思考，对泡泡形成的条件有一定的认知，积极寻找相关影响因素	□ 能正确分析泡泡形成的条件与相关影响因素
表达 □ 表述 ■ 记录 □ 演示	□ 看同伴做记录，自己不会对发现与问题进行记录	□ 能在教师或同伴的提醒和帮助下做简单的记录	□ 会主动做好相关的记录	□ 有较强的记录发现与问题的能力

二、真实场景中的STEM素养评价的要点

1. 观察视角与教师提问相契合

观察是提问的基础，提问是对观察的补充解读。测评时，教师应将观察视角与提问紧密联系起来，只有两者密切匹配才能组织幼儿开展一场生动而有价值的测评和探究活动。一方面，观察的视角应该落实在STEM探究方法、探究兴趣、探究实践等STEM素养表现上；另一方面，教师的提问要紧紧围绕观察视角，既为测评服务，准确地把握幼儿素养表现，又能为幼儿提供参与学习过程的机会，使得幼儿的思维与活动有介入和互动的空间。

教师善于在观察的基础上运用不同的重点提问来刺激不同层面幼儿的思考，鼓励不同层面的幼儿更深入地进行探究与学习。一个重点提问往往伴随着若干个追问，以帮助幼儿发展新经验，比如多问问“为什么”，深入发现和挖掘幼儿素养表现，分析幼儿表现背后的原因，并帮助幼儿进入高层次的探索阶段。

案例链接

制作一艘向前开的小船

“一艘向前开的小船”是大班STEM项目，幼儿通过独立阅读制作步骤，使用船型KT板、橡皮筋、雪花片（有大、小两种型号）等材料进行拼装，最终制成一艘小船，并让它在水中向前行驶。小船的制作方法是将橡皮筋箍在船型KT板上，把雪花片当成螺旋桨绕在橡皮筋上，随后放在水面上行驶。制作的关键是转动雪花片时的方向决定了小船行驶的方向。

在这个动手制作类测试活动中，教师选择评价的观察重点和重点提问如下。

1. 观察重点（预设）

（1）观察幼儿听到任务时是否有尝试的冲动，制作过程中是否愿意不断尝试，主动解决困难。

（2）观察幼儿在制作前或过程中，是否有意识地去解读图示，主动探索制作

小船的方法。

(3) 观察幼儿在制作和实验过程中，是否会对材料进行比较并根据不同的现象进行材料或方法的调整，从而积累经验。

(4) 观察幼儿是否愿意将自己的发现进行积极的表述与演示。

2. 重点提问(预设)

(1) 这里有一些材料，今天你们要用这些材料做一艘能向前开的小船，该怎么做呢?

(2) 看看图上的说明能帮到你吗? 要制作一艘向前开的小船，可以怎么做呢? 请你动手试一试!

(3) 小船动了吗? 为什么你的小船会向前开(向后开)?

(4) 怎么让小船向前开呢?

(5) 能把你的制作过程和发现介绍一下吗?

3. 活动实录

从现场活动实录来分析观察重点和重点提问之间的关系。

活动实录一：情感与态度

教师告诉通通："教师要制作一艘能在水里开的小船。"

通通问："啊，真的在水里开吗?"

教师说："是啊。你看，那里有一大盆水，做好了小船就到那里去试试，看它能不能往前开。"接着告诉他："这些是材料，还有制作步骤图，来吧!"

"好!"通通马上动起手来。

妮妮也来了，她听了教师的介绍后，并没有马上尝试，有点犹豫。

教师说："试试吧，很有意思的哦，做好了真的可以下水开呢! 你看，通通已经开始做了。"

妮妮听了，拿起了材料，开始动手制作。

此环节的重点是观察幼儿在听到任务之后是否有尝试的冲动，而教师重点提问的目的是激发幼儿的制作兴趣。针对不同的幼儿，教师采取针对性的提问策略。实录中的妮妮，个性比较谨慎，略缺乏自信，教师就用自己的快乐情绪和榜样激励法去感染她，并指出可以参照、模仿的同伴，以激发其制作兴趣。

活动实录二：操作与常识

豪豪拿起材料，看了看步骤图，就将橡皮筋绕在了船型 KT 板上，但他将橡皮筋绕成一个“X”形装了上去（正确的应是“平行线”形），这导致他没法安装雪花片。试了几次，没能成功，豪豪转过头向教师投来求助的眼神，并说：“这个雪花片怎么弄？”这时，乐乐也在一旁制作，并进展顺利。教师先说：“你仔细看看图片，哪里出了问题？”豪豪这次仔细看了看图片，又看了看手里的材料，仍没发现问题，又向教师投来求助的眼神。于是教师说：“你看乐乐的橡皮筋是怎么装上去的？跟你的方法一样吗？”经提醒，豪豪赶紧看向乐乐并查看，还没等他开口，乐乐见状就说：“你的橡皮筋装错了，中间不能扭一下的，应该这样。”边说边热心地帮豪豪调整好。

这个环节的观察要点是幼儿在制作前是否会主动观察解读步骤图，解读能力如何，幼儿如何完成初步的小船拼装。教师的重点提问不仅提示幼儿解读步骤图，而且提示他们如何仔细地观察和解读，对于解读图示能力较弱的幼儿，则给予进一步的引导帮助。实录中的豪豪解读图示能力较弱，于是教师第一次通过重点提问“仔细看图片，哪里出了问题”引导他去发现步骤图的秘密。第二次引导其观察同伴的实物，以降低理解难度。通过这个过程，教师帮助豪豪提升了解读及制作的能力。

活动实录三：操作、验证与表达

豪豪制作完小船后，第一次下水验证。小船真的往前开了，豪豪拍手、欢呼。随即他又让小船第二次下水，可这次小船往后倒退了，豪豪愣住了。教师问：“咦？为什么刚才是往前开的，现在却往后倒了呢？怎么让小船一直往前开呢？”豪豪略想了想就说：“在转（雪花片）的时候，如果往后转，小船就会往前开，往前转就会往后倒。”他边说边尝试再次下水，这下又是往前开了。教师说：“哇！真的，你已经知道了让小船往前开的秘密了，太棒了！”

受到表扬，豪豪更起劲了，反复操作了好几次。过了一会儿，教师问他：“看，雪花片有大有小，你试过小雪花片吗？”豪豪不假思索地回答：“小的不灵。”教师说："你还没试，怎么就知道不灵？怎么个不灵呢？用大雪花片和小雪花片有什么不同？这里还有很多秘密哦！"豪豪听后，马上去尝试小雪花片了。过了一会儿，他高兴地来告诉教师："我又发现秘密了！小雪花片也是可以让小船往前开的，不过，它只能开一点点远，装有大雪花片的船能开得更远。"

另外一个孩子辰辰也很顺利地利用小雪花片制作小船并下水成功，小脸上满是成功的喜悦，教师对她说："你用了什么办法成功了呀？跟小朋友们说说，看你们的办法是不是一样的？发现的秘密是不是也一样？"她听了便和同伴交流起了自己的经验："你看！应该这样子绕雪花片，不然往反方向绕的话，它会往后倒的。"这时，同伴拿了一块大雪花片准备尝试，辰辰反对道："要用小的，不要用大的，大的会卡在水盆的底部，开不了的。"教师问："那你试过大雪花片吗？大雪花片会出现什么结果呢？"辰辰说："没有，一看就知道了。"教师说："我们做实验不能光凭看或想就得出结论哦，要去试试你的想法，这样才能有真正的发现。"辰辰听了，果真去试了大雪花片，她发现大雪花片也能让小船顺利地往前开，并不会被卡住。辰辰笑着说出了她的新发现："大雪花片威力大，小雪花片威力小！"接着又向同伴建议："我们比赛吧，太好玩了！"

通通的小船下水了，开起来啦，可是小船边开边向右转弯，结果撞到了水盆壁上。教师笑着问："哎呀，为什么会撞墙呢？"通通也觉得很好笑，说："哈哈，它开着开着会转弯。"教师又问："那它为什么会转弯呢？"通通拿起小船看了看说："应该是这次的雪花片放的位置有点歪了，不在中间。"教师饶有兴致地说："是吗？这么说你发现了让小船转弯的秘密了？太厉害了！"通通听了很高兴，马上把发现告诉同伴。

这个环节的观察要点是幼儿在验证的过程中是否会根据实验现象进行思考并调整材料、反复验证，从而积累经验。同时，教师还要观察幼儿能否将自己的发现进行积极的演示和表述。

豪豪第一次小船实验的成功很偶然，第二次就出现了新问题。教师通过提问"为什么刚才是往前开的，现在却往后倒了呢？怎么让小船一直往前开"引导他去比较分析材料正确的组合方法，思考如何产生向前的动力。观察和动手能力强的辰辰很快获得了成功。教师通过提问"你用了什么办法成功了呀？跟小朋友说说，看你们的办法是不是一样的？发现的秘密是不是也一样"引导她与同伴进行交流分享，以便进一步梳理经验。

豪豪和辰辰两个幼儿都只尝试了一种雪花片，这不利于他们对于不同材料进行比较，于是教师又抛出了一个问题："你试过大（小）雪花片吗？会出现什么结果呢？"通过这个重点提问引发幼儿操作验证，知道不同材料的组合会产生不同的结果，并愿意反复尝试。教师的提问一方面引导幼儿捕捉到现象背后的关键问题，一方面激发幼儿不断思考和反复尝试，这也是不断激发幼儿将 STEM 素养表现出来的过程。

2. 观察视角与幼儿特点相契合

《儿童的一百种语言》里有这么一段描述："孩子有一百种语言，一百双手，一百个想法，一百种思考、游戏、说话的方式，一百种倾听、惊奇、爱的方式，一百种歌唱与了解的喜悦。"这段话启迪幼儿教育工作者要从幼儿的特点施教，探索、发现和评价幼儿。STEM 素养测评量表是教师对 STEM 活动中幼儿行为表现的评价指标，是观察者的依据。教师要根据幼儿的年龄特点设计，在评价指标和描述上应符合幼儿的年龄特点。同时，行为量表还应在组织实施过程中根据幼儿的实际情况进行不断的调整与完善。

（1）程度性语言与年龄特点相匹配

《3—6 岁儿童学习与发展指南》对幼儿的语言表达能力进行了针对性的描述。小班幼儿在情感和语言表达方面倾向于"愿意表达自己的所见所想"，对感兴趣的事物能仔细观察，发现其明显特征，更多的是能关注动作所产生的结果。教师可以通过提问等方式引导幼儿思考并对事物进行比较观察。中班幼儿表现为"喜欢交流自己的想法"，还根据事物或现象进行观察比较，发现其相同与不同，并大胆猜测答案。大班幼儿倾向于"能够表达自己的观点"，不仅能大胆表达自己的观点，还能有依据或者能用一定的方法来验证自己的想法。

教师设计的行为量表中指标的描述也应该能体现相应的年龄特点。如在小班观察比较活动“绳子的长短”中，幼儿在教师的引导下能对两根绳子进行观察比较，能发现两根绳子的颜色不同、摆放的方式不同，但大多幼儿都是通过与材料的互动或教师语言的推动进行表述的，小班幼儿不太会主动地表达自己的发现。行为量表中“大胆表达自己的发现”的表述欠妥，应该调整为“在教师的引导下观察，愿意表达自己的发现”，这样更符合小班幼儿的年龄特点。

（2）工具或方法与年龄特点相适切

幼儿的思维特点是以具体、形象的思维为主，教师应注重引导幼儿通过直接感知、亲身体验和实际操作进行 STEM 学习。行为量表中选择的工具或者方法应该与幼儿的年龄特点相适切，便于能清晰地观察幼儿与材料的互动、观察和比较。

对于小班幼儿来说，他们更多的是好奇地摆弄可操作的物品。教师应提供小班幼儿生活中熟悉的、相对显性的、易于操作的工具或材料，让幼儿能用多种感官或动作去探索物体或者现象，如比较绳子的长短。

对于中班幼儿来说，教师可提供多种工具供他们选择。幼儿能联系自身生活经验或认知，选择比较适宜的工具或方法，感知、发现物体的性质、用途或现象。例如在中班观察比较活动“物体的轻重”中，幼儿大多都是以自己的生活经验为基础，以最直接的方式方法比较物体轻重，如用手掂量一下两个球的重量。活动中，很少有中班幼儿想到或用到天平这种工具，因为天平离中班幼儿的生活有一定的距离。在此活动中，教师在设计“操作”评价维度时也要根据年龄特点选择适切的工具与方法，将原来的标准“在教师的提示下，运用天平比较物体的轻重”调整为“在教师的提示下，能运用工具或方法比较物体的轻重”。

大班幼儿更多的是自主选择工具，通过使用工具解决问题或发现使用后产生的影响，建立相关的联系。如比较水量时，教师提供了不同形状和功能的容器，如标有刻度的量杯、一次性水杯、天平、记录纸、笔等工具材料。幼儿自主选择适切的工具，对水量进行比较，观察工具能否合理地比较出水量的多少。

幼儿的年龄特点是行为量表指标制定的重要依据，只有在把握好年龄特征的基础上斟酌指标的层次性及内容的适切性，才能使量表中的指标体现幼儿的发展水平，为教师客观评价幼儿的 STEM 素养提供客观、有效的依据。

(3) 观察视角与动态发展相契合

教学是动态的过程，无论教师预设得多么充分，也难以预料课堂中出现的各种情况。变动不居的课堂充满了不确定性，不确定性蕴含了丰富的生成性，这是教学的魅力和价值。教学是预设与生成不断平衡的过程，是重视学习的逻辑和效率与注重生命体验的过程和质量的交集。在评价过程中，教师应根据幼儿特点和活动目标设定观察要点，设计相应的重点问题，并在幼儿活动过程中动态调整观察视角，从而使得观察视角和幼儿思维高度契合，确保评价有效。

以下是一份教师在教学过程中根据幼儿表现调整观察视角和评价方式的案例。案例中，教师结合教学活动，把握调整的契机，收到了良好的效果。

案例链接

不　倒　翁

视角一：根据幼儿的生活经验进行调整

根据既定的观察要点和重点问题，教师采取了一对二的幼儿测试。在活动过程中，教师发现有部分幼儿看到自制的不倒翁后就自己开始玩了，有一些幼儿没有反应，还有的等教师摆弄了一下材料后才开始玩。可见大部分幼儿在情感上对操作材料不是很感兴趣，因为这个操作材料制作的不倒翁和幼儿平时看见的不一样。

此时教师调整了观察重点，从“观察幼儿是否对提供的现成的不倒翁有摆弄意愿”调整为“观察幼儿是否认识、熟悉不倒翁，对提供的现成不倒翁玩具是否有摆弄意愿”。基于调整的问题，教师还调整了材料，再次问幼儿：“这是什么玩具?”答案五花八门，有的说：“是鸭子!”有的说：“是企鹅!”还有的端着不倒翁的底部说：“这是个蛋!”教师还发现部分幼儿讲不出答案。幼儿的回答说明他们没有相关的生活经验。

当然也有幼儿说：“这是不倒翁!”还不忘记解释一下：“老师玩过的!”或

者说："我家里有的！"无论幼儿怎样回答，都反映他们的已有经验。此活动中的问题可以说是有效的，小班幼儿普遍能够接受，而且这些问题可以让教师充分了解学情，清楚哪些幼儿是知道不倒翁的，哪些幼儿是不知道的。根据幼儿的反应，教师结合他们是否有不倒翁的经验，适当调整了问题，从"怎么玩"调整到"你觉得不倒翁可以怎么玩？好玩吗"，具体见表 8－11。

表 8－11　根据幼儿的生活经验调整观察要点、重点问题

	观察要点	重点问题
调整前	观察幼儿是否对提供的现成不倒翁有摆弄意愿	这是什么玩具？试试看，可以怎么玩
调整后	观察幼儿是否认识、熟悉不倒翁，对提供的现成不倒翁玩具是否有摆弄意愿	这是什么玩具？试试看，你觉得不倒翁可以怎么玩？好玩吗

视角二：根据幼儿与教师互动进行调整

在观察幼儿认识不倒翁和讲述原理的环节中，教师设计了两个观察要点和对应的重点问题。在与幼儿互动的过程中，教师发现幼儿听到"把不倒翁拆开"时愣了一下。此时教师知道幼儿的认知遇到了困难，需要教师的介入和调整。教师告诉幼儿："老师这里也有一个不倒翁，你拆开看看，你认为不倒翁不倒的原因是什么？"幼儿很快会回答出答案——因为有橡皮泥。

很快，教师就进入了下一个问题："为什么橡皮泥会让不倒翁不会倒呢？"教师让幼儿畅所欲言，充分表述自己的想法，结果发现大部分幼儿回答起来有困难。此时教师引导幼儿用感官去感受橡皮泥对于不倒翁不倒所起到的作用。教师把不倒翁轻的一头放桌上，让幼儿观察比较，讲出自己的猜想。随后，教师对观察要点和重点问题做了修改，问题变成了"如果用蛋壳和橡皮泥做不倒翁会怎样？你来试试看""你认为不倒翁不倒的原因是什么"幼儿有了铺垫和引导，很快讲出了正确的答案，具体见表 8－12。

表8-12　根据幼儿与教师的互动调整观察要点、重点问题

	观察要点	重点问题
调整前	观察幼儿是否能积极猜测不倒翁不倒的秘密;观察幼儿在不倒翁拆开后能不能发现不倒翁不倒的秘密	把不倒翁拆开来,你认为不倒翁不倒的原因是什么?为什么橡皮泥会让不倒翁不倒
调整后	观察幼儿是否能积极猜测不倒翁不倒的秘密;观察幼儿在教师的引导下,是否会通过掂分量、拆开等方法探究不倒翁不倒的秘密	如果用蛋壳和橡皮泥做不倒翁会怎样?你来试试看;你认为不倒翁不倒的原因是什么(教师把轻的一头放桌上,让幼儿观察比较)

视角三:根据幼儿与材料的互动进行调整

在操作验证的观测环节中,教师发现观察要点如果定位在"观察幼儿是否能利用提供的材料制作出一个不倒翁"的话,对于幼儿表述自己的操作步骤则过于简单。教师很快将观察要点调整为"观察幼儿是否有意识地根据猜测的原因制作、调整不倒翁"。如此,教师在观察幼儿操作时,目标更明确,聚焦于幼儿是否自主地、有目的地去操作、验证自己的猜想,而不是拿着材料无目的地操作。

在调整后,教师通过问题的引导,幼儿的表现有了很大的变化:幼儿打开了透明蛋的盖子开始制作不倒翁;他们放入橡皮泥,不断调整橡皮泥的数量和位置,最后还盖上盖子试试自己的不倒翁是否会倒。幼儿不断地调整,最终成功制作不倒翁,露出了开心的笑容,具体见表8-13。

表8-13　根据幼儿与材料的互动调整观察要点、重点问题

	观察要点	重点问题
调整前	观察幼儿是否能利用提供的材料制作出一个不倒翁	如果用蛋壳和橡皮泥做不倒翁会怎样?你来试试看
调整后	观察幼儿是否有意识地根据猜测的原因制作、调整不倒翁	如果用橡皮泥做不倒翁会怎样?你来试试看

视角四：根据幼儿的表达进行调整

幼儿到了小班下学期已具备一定的表达能力，能够较完整地表达自己的想法。但在此活动过程中，幼儿的表达出现了以下情况：

1. 能够独立较完整地讲出自己是怎么制作不倒翁的幼儿人数最少；

2. 能在教师的引导下，以教师问幼儿答的形式用简短的句子描述自己制作过程的幼儿较多；

3. 在教师的多次引导下讲出关键词语，如“放橡皮泥”“底下”“不倒翁”等词语的幼儿较少。

在幼儿的陈述中，教师发现他们具有一定的目标意识，明白课堂上的任务是“制作一个不倒翁”。教师根据绝大多数幼儿需要借助操作材料表达的现状，对观察要点和重点问题进行调整，具体见表8-14。

表8-14　根据幼儿的表达调整观察要点、重点问题

	观察要点	重点问题
调整前	观察幼儿是否能将自己制作的不倒翁不倒的原因表述清楚	你是怎么做不倒翁的？为什么要这样做
调整后	观察幼儿在表达不倒翁不倒原因时，是否能利用演示辅助表达	试试你的不倒翁，如果会倒，你觉得可以怎样调整？为什么要这样调整

从小班“不倒翁”STEM活动的评价案例中，我们可以得知课堂观察要点和重点问题应该结合测评目标、幼儿经验、活动所需的材料、师幼之间的互动不断调整，优化评价视角和观察要点，设计具有针对性的问题，这样才能正确地评价幼儿的STEM素养，并推动幼儿进一步发展STEM素养。

主要参考文献

第 1 章

［1］刘月霞，郭华．深度学习：走向核心素养（理论普及读本）［M］．北京：教育科学出版社，2018.

［2］蒋明珠，许艳．项目学习：进入学科的课程智慧［M］．上海：华东师范大学出版社，2021.

［3］姚怡．STEM 教育理念下促进幼儿深度学习的研究——以项目活动“苏州园林”场景搭建为例［J］．教师，2021(20).

［4］杨雨．幼儿园项目课程的内涵与实践探索［J］．教育导刊（下半月），2021(7).

［5］王小英，刘思源．幼儿深度学习的基本特质与逻辑架构［J］．学前教育研究，2020(1).

［6］王甲旬，李祖超．美国 K－12 STEM 教育及启示［J］．外国中小学教育，2017(1).

［7］李季湄，冯晓霞．《3—6 岁儿童学习与发展指南》解读［M］．北京：人民教育出版社，2013.

［8］叶兆宁．融合：实现 STEM 教育的有效教学策略［J］．中国科技教育，2013(2).

［9］朱丹．怎样把 STEM 搬进幼儿园［N］．浙江教育报（学前教育），2017(3).

［10］贾玉新．跨文化交际学［M］．上海：上海外语教育出版社，1997.

［11］李振村，庄锦英．教师体态语言艺术［M］．山东：山东教育出版社，1993.

［12］现代教学论发展［M］．钟启泉，编译．北京：教育科学出版社，1988.

［13］孙晓慧，栗玲．幼儿园 STEM 教育中教师角色的定位及发展路径［J］．潍坊

工程职业学院学报，2019，32(5).
[14] 杨晓萍，杨柳玉，杨雄. 幼儿园科学教育融入 STEM 教育的核心价值与实施路径[J]. 天津师范大学学报(基础教育版)，2018，19(4).
[15] 陆旭辉. 悟精华，参其道，践行 STEM 理念的幼儿园科学活动[J]. 科学大众(科学教育)，2019(5).

第 2 章

[1] 姜湘钰. 浅析真探究之提出问题[J]. 理科考试研究，2015，22(12).
[2] 张瑾. STEM+教育中学习支架设计研究[J]. 现代教育技术，2017，27(10).
[3] 赵立茹. 如何提高 0—6 岁儿童家长的保教能力[J]. 都市家教(上半月)，2014(1).
[4] 李娉. STEM 项目学习视野下传统发酵技术专题教学设计[D]. 宁波：宁波大学，2019.
[5] 孙卫华. 以建构主义为指导的计算机辅助教学软件的设计[D]. 河北：河北大学，2000.
[6] 张宁. STEM 教育活动对幼儿创造性思维影响的研究[D]. 宁波：宁波大学，2019.
[7] 韩健萍. 博客式家长园地在家园共育中的应用研究[D]. 山东：山东师范大学，2010.
[8] 陈蓓. 幼儿园游戏材料生活化探讨[J]. 新课程(上)，2017(11).

第 3 章

[1] 高宏钰，汤成麟. 幼儿园科学教育活动应用支架策略的案例研究[J]. 科普研究，2019，14(1).
[2] 王祖浩. 我们的科学教育究竟差在哪里？[J]. 科普童话·新课堂(上)，2020(1).
[3] 张红霞. 运用元认知培养学生数学高阶思维[J]. 柳州师专学报，2010，

25(1).
[4] 夏雪梅. 在学科中进行项目化学习：国际理解与本土框架[J]. 教育研究与评论,2020(6).
[5] 王俊峰,徐春凤. 幼儿园教育教学活动的设计与实施[J]. 读写算(教研版),2014(13).
[6] 苏乐. STEAM 视角下的小学《科学》教学设计研究[D]. 山东：曲阜师范大学,2017.

第 4 章

[1] 张茉,王巍,袁磊. 幼儿园 STEAM 教育的活动设计研究[J]. 现代远距离教育,2018(8).
[2] 陈大楚. 儿童画教学创意探析[D]. 湖北：华中师范大学,2008.
[3] 王秀琴. 中班幼儿地理教育的实践研究——以社区地图描绘活动为例[D]. 上海：上海师范大学,2017.
[4] 刘莉. “做中学”在小班同样精彩[J]. 小学科学(教师论坛),2012(5).
[5] 季丽琴. 基于项目的 STEM 学习：让素养进阶成为可能[J]. 小学教学研究,2021(22).
[6] 李爱华. 以爱孕育静待花开[J]. 文学教育(下),2019(11).
[7] 仲超. 从动作思维看科学课“做思共生”的理想课态[J]. 教育界(中旬),2017(1).
[8] 巩彩彩. STEAM 活动对中班幼儿合作素养影响的研究[D]. 上海：上海师范大学,2020.

第 5 章

[1] 苏奕姣. 语文研究性学习中有效教学行为研究[D]. 杭州：杭州师范大学,2008.
[2] 陈晓娟. 幼儿园 STEM 教育活动中的困惑与解答[J]. 早期教育(教育教

学），2019(10).
［3］张宪冰. 幼儿园科学课程的特征与影响因素研究［D］. 北京：北京师范大学，2011.
［4］张柳，刘晓晴. 在研究“苹果褐变”现象中体现科学探究与工程实践的异同［J］. 中学生物学，2019，35(7).
［5］杨元魁，叶兆宁. 突破 STEM 教育中科学与工程的链接难题——基于工程问题解决的教学模式［J］. 人民教育，2018(10).
［6］季月萍. 巧变出发点，在科学课程中融入 STEM 活动［J］. 教学管理与教育研究，2019(14).
［7］项珍. 展示创意实验培养关键能力［J］. 科学咨询，2020(11).
［8］胡珏. 小学科学课中开展 STEM 活动的方法［J］. 新课程(上)，2017(7).

第 6 章

［1］王婷. 基于 STEM 教育理念下开展幼儿园建构游戏的实践探索［J］. 读写算，2020(30).
［2］刘建霞. STEAM 教育理念下的学前教育实施［J］. 名师在线，2020(10).
［3］袁爱玲. 幼儿园教育活动生态现状剖析［J］. 学前教育研究，2007(2).
［4］卢芳. STEAM 教育理念下幼儿园建构游戏的初探［J］. 下一代，2019(10).
［5］刘云艳. 21 世纪教育学：幼儿园教学艺术［M］. 重庆：西南师范大学出版社，2007.

第 7 章

［1］联合国教科文组织. 教育——财富蕴藏其中［M］. 联合国教科文组织总部中文部，译. 北京：教育科学出版社，2014.
［2］张慧英.《3—6 岁儿童学习与发展指南》对培养幼儿合作精神的启示［J］. 新校园(中旬刊)，2017(3).
［3］方晨瑶. 幼儿园 STEM 课程研究［J］. 幼儿教育，2018(Z6).

[4] 王丽. 课程统整理念下的幼儿 STEM 活动研究[D]. 南京：南京师范大学，2019.

第 8 章

[1] 黄瑾. 幼儿园教育活动设计与指导[M]. 上海：华东师范大学出版社，2007.
[2] 袁贵仁，庞丽娟. 中国教师新百科：幼儿教育卷[M]. 北京：中国大百科全书出版社，2003.
[3] 宋怡. STEM 素养视域下的科学教学：审思与重构[J]. 现代教育科学，2018(8).
[4] 刘占兰. 学前儿童科学教育[M]. 北京：北京师范大学出版社，2008.
[5] 郑名，王晓丽. 幼儿园教育活动设计与指导[M]. 长沙：湖南大学出版社，2015.
[6] 虞永平，王海英，张斌，等. 儿童·国家·未来[M]. 南京：南京师范大学出版社，2020.
[7] 陈世联. 幼儿园教育活动设计与实施[M]. 北京：中国人民大学出版社，2016.
[8] 熊维聪. 数字实验促进小学生科学素养发展的探讨——以小学科学为例[J]. 教育信息技术，2015(Z2).
[9] 席荔枝. 小学数学课堂的创新教学策略[J]. 东西南北：教育，2018.
[10] 一帆. 真实性评价[J]. 教育测量与评价(理论版)，2011(11).
[11] 盖伊·格朗兰德，玛琳·詹姆斯. 聚焦式观察：儿童观察、评价与课程设计[M]. 梁慧娟，译. 北京：教育科学出版社，2017.
[12] 毛建青. 课堂教学中教师追问下的精彩生成[J]. 小学科学(教师版)，2014(11).
[13] 王郗，黄慧娟，许明. PISA：科学素养的界定与测评[J]. 上海教育科研，2004(4).

后　记

一本实践类著作的完成需要的是孜孜以求的思索，折射的是持之以恒的实践。1997 年 7 月，带着组织的委托和信任，我创办了蒲公英幼儿园。从立园伊始，蒲公英幼儿园以幼儿科学教育实践为特色，踏上了探索培育幼儿科学素养的园本之路。

起初，我们对科学教育的认识和理解比较狭隘，认为科学教育是常识教育和科学知识的传播。直到 2003 年，我们参加了教育部举办的中国科学教育项目的推广实践，这使得我们对科学教育的认识有了本质上的改变，我们开始明白科学教育的目的是培养科学态度、科学素养、思维方式和学习方法。在此基础上，我们开始研发和实践科学教育课程，并且开展了多项课题和项目研究，积累了实施科学教育的经验。2006 年，我们开始进行幼儿科学教育特色课程的探索实践，从科学活动教学形式入手，深入理解探究式科学教育理念及其教学模式。经过多年的潜心研究，逐步形成了探究式科学教育特色课程。

到了 21 世纪的第一个十年，STEM 教育理念兴起，我们清晰地看到 STEM 教育对于幼儿教育的价值和意义。中央密歇根大学教授朱莉安·泰克斯态度鲜明地发表了自己的立场：“全球教育正在面临如何培养创新人才的挑战，STEM 教育不仅是跨越四门学科的整合行动，更是需要长期付出努力培养人才的过程，它带来的是学习内容的更新、学习过程的重构、思维能力的重塑。STEM 教育更多时候像是在开辟一条连接未来的通道，助力今日世界的学生成长为明日世界的公民，以更好地在未来生活。”

在继承中发展，在守正中创新，在接触、认识、了解和学习 STEM 教育的过程中，蒲公英幼儿园启动了对幼儿 STEM 教育的实践和探索。在长期的摸索过程中，我们形成了幼儿 STEM 教育的“七引擎模式”，从 STEM 教育的本质出发，建构了幼儿 STEM 教育的实践路径。这本书不仅是对“七引擎模式”建构的生动阐述，还是我们对长期以来幼儿科学素养培养探索的理性提炼。

一本著作的完成闪耀的是集体的智慧，其中铭刻着许多艰辛的付出，凝结着许多辛勤的劳动和汗水。在这本书的背后，凝聚着蒲公英幼儿园教师的实践智慧。在多年的实践研究中，教师不断学习着、转变着、成长着，用自己的实践回应时代对于幼儿培养的使命。

在本书即将付梓之际，要特别感谢长期关心蒲公英幼儿园科学教育的上海市教育委员会教学研究室的黄琼老师，在“七引擎模式”的探索中，黄琼老师悉心指导，给予了许多中肯的建议；特别感谢华东师范大学赵中建教授，在幼儿园实践和探索 STEM 教育中给予了理论引领和支持鼓励；还要感谢蒲公英幼儿园的朱悦华、陆益、夏旖三位教师，在本书的构思、撰写和修改过程中给予了有益而丰富的建议，并为“七引擎模式”提供了部分案例片段。还有许多帮助过我们的专家、领导和同行，在此一并表示衷心的感谢！

鉴于本人水平有限，写作时间仓促，本书仍存在有待完善之处，敬请批评指正。

沈冠华

壬寅年仲夏